Depression und Burnout überwinden

Das Praxisbuch zur Selbsthilfe, um den Weg zurück ins LEBEN zu finden

Neuaufgelegte Auflage

ANDREAS C. BÖHM

ISBN-13: 9781794234635

Inhaltsverzeichnis

Einleitung

Depressionen und Burnout kommen in der heutigen Gesellschaft immer häufiger vor. Sie sind Bestandteil einer Gesellschaft, die auf Leistung ausgelegt ist. Immer mehr Menschen leiden unter Depressionen oder auch Burnout und wissen nicht, wie sie aus diesem Rad herauskommen sollen. Ohne Hilfe ist das nicht möglich. Deswegen möchten wir Ihnen mit diesem Ratgeber die wichtigsten Informationen mitgeben. Erhalten Sie mit unserem Ratgeber alle wichtigen Informationen, Tipps und Tricks, um den Feind Depression und Burnout zu besiegen.

Inklusive zahlreicher Selbsttests.

Depression: Die tückische Erkrankung

Was ist eine Depression?

BEI EINER DEPRESSION handelt es sich um eine Krankheit, die die Emotionen, das Denken und die Aktivitäten des Betroffenen stark beeinträchtigen. Meist tritt sie in Kombination mit körperlichen Funktionsstörungen auf und kann die Lebensqualität eines Menschen stark reduzieren. Die Betroffenen leiden unter Niedergeschlagenheit, können sich aufgrund fehlender Motivation zu nichts mehr aufraffen und besitzen keinerlei Antrieb mehr. Hinzu kommen noch vermehrt pessimistische Gedanken und Schwarzmalerei.

Die Depression ist eine heimtückische Krankheit mit vielen unterschiedlichen Gesichtern. Meistens beginnt sie schleichend und macht sich erst dann eindeutig bemerkbar, wenn sie schon gravierende Ausmaße angenommen hat. Wenn eine Depression festgestellt wird, sollte sich der Betroffene umgehend unterstützende oder therapeutische Hilfe suchen.

Allerdings gibt es auch leichte Formen der Depression, die der Betroffene mit entsprechenden Gegenmaßnahmen selbst behandeln kann.

Aber Voraussetzung für eine schnelle Genesung ist, die Depression als Krankheit anzusehen und nicht als vorübergehendes Stimmungstief. Denn leider ist es in unserer heutigen Gesellschaft Mode geworden, jede Stimmungsschwankung und jedes Unwohlsein als Depression zu deklarieren. In den meisten Fällen ist das mit Sicherheit nicht der Fall. Es ist normal, dass ein Mensch Stimmungsschwankungen unterliegt. Das gehört zum Leben dazu. Mal läuft es gut und mal eben nicht so gut. Deswegen gleich von einer Depression zu sprechen ist abwegig und gefährlich. Denn wirklich an Depression erkrankte Menschen leiden darunter, dass dieser Begriff in der heutigen modernen Welt viel zu leichtfertig verwendet wird.

Denn ist jemand tatsächlich ernsthaft an einer Depression erkrankt, sollte diese keinesfalls abgetan werden. Er benötigt Hilfe und Unterstützung und diese sollte ihm auch gewährt werden.

Auch wenn die Depression sich in vielen unterschiedlichen Facetten zeigen kann, gibt es ganz bestimmte Symptome, die diese Krankheit kennzeichnen. Meistens treten mehrere Symptome zeitgleich auf. Diese zu kennen, ist wichtig, um eine entsprechende therapeutische und ärztliche Maßnahme ergreifen zu können.

Welche Ursachen haben Depressionen?

Heutzutage ist es unumstritten, dass die Depression unterschiedliche Ursachen haben kann. Ausgelöst wird sie meist durch unterschiedliche aufeinandertreffende Faktoren. Hierfür ausschlaggebend sind sowohl biologische, psychische als auch psychosoziale Komponenten.

Die nachfolgend aufgelisteten Auslöser stellen häufig den Beginn einer Depression dar:

- Tod eines geliebten Menschen
- Scheidung
- Trennung
- Konflikte innerhalb einer Beziehung
- andauernde Überforderung
- chronische Überlastung
- Mobbing

Generell ist also festzustellen, dass Depressionen häufig durch extrem belastende Situationen ausgelöst werden können. Aber es kommen noch weitere Faktoren hinzu, denn diese Situationen allein, müssen noch nicht zwangsläufig eine Depression auslösen. Hierbei spielen noch die neurobiologische Seite und die psychosoziale Seite eine ausschlaggebende Rolle.

Die neurobiologische Seite

Mit der neurobiologischen Seite sind die Vorgänge im menschlichen Gehirn gemeint. Genauer gesagt geht es um zwei ganze bestimmte Hirnareale – nämlich dem limbischen System und dem Neokortex. Das limbische System kümmert sich um die Emotionen eines Menschen und der Neokortex hat den analytischen Verstand zur Aufgabe. Beide sind mithilfe einer Vielzahl an Nervenzellen verbunden. Diese neuronalen Verknüpfungen merken sich die bereits gemachten Erfahrungen eines Menschen. Wird diese einmal verknüpfte Erfahrung immer wieder mit demselben Ergebnis gemacht, verstärkt sich diese Verknüpfung. Dadurch erhält der Mensch unbewusst Rückmeldungen aus seinem Gehirn zu bestimmten Situationen.

Werden nun manche Situationen falsch konditioniert und somit im Gehirn dauerhaft negativ verknüpft, kann es zu erheblichen Problemen in der Verhaltensweise des Menschen kommen. Solch eine falsche Verknüpfung kann eine Depression auslösen. Beispielsweise, wenn bestimmte alltäglich wiederkehrende Aufgaben im Gehirn mit Stress verknüpft wurden. Diese Verknüpfung sorgt dafür, dass der Mensch den Stress tagtäglich aufs Neue erlebt und somit ständigem Dauerstress ausgesetzt ist. Daraus resultiert wiederum eine fortschreitende Überforderung und Überlastung. Der Weg für eine Depression ist somit geebnet.

Zusätzlich wird aufgrund dieser falschen Verknüpfung das limbische System in Mitleidenschaft gezogen. Der Grund hierfür liegt in dem lang anhaltenden Dauerstress. Denn das Selbstwertgefühl wird somit im Laufe der Zeit stark reduziert. Der Mensch fühlt sich als Versager und beginnt zu glauben, er würde nichts Können und nichts richtig machen.

Darüber hinaus können auch einige Hormone eine ausschlaggebende Rolle bei einer beginnenden Depression spielen.

Liegt beispielsweise ein Serotoninmangel vor, kann das zu mentalen Problemen führen wie beispielsweise Depression, Aggressivität, Selbstmordgedanken und Angstzuständen. Dieser Mangel an Serotonin kann durch ausreichend sportliche Bewegung wieder ausgeglichen werden. Daher ist es für depressive Menschen ungemein wichtig, sich regelmäßig sportlich zu betätigen.

Fehlt dem Körper Dopamin, entsteht eine Antriebslosigkeit und die Motivation sinkt gegen Null, wodurch wieder eine Depression begünstigt werden kann. Solch ein Mangel resultiert aus einer falschen Ernährung. Um einem Dopamin-Mangel vorzubeugen, sollte Fisch häufig auf der Speisekarte stehen. Für depressive Menschen ist eine gesunde Ernährung wichtig. Denn nur so können sie eventuellen Mangel an wichtigen Vitaminen, Spurenelemente und Mineralien verhindern.

Die psychosoziale Seite

Ebenso können unverarbeitete Erlebnisse aus der Kindheit, eine Depression im Erwachsenenalter erzeugen. Solche Ereignisse in der Kindheit können beispielsweise sein:

- fehlende soziale Kontakte
- ständige Erniedrigungen
- Liebesentzug durch die Bezugspersonen
- häusliche Gewalt
- fehlende Geborgenheit
- usw.

Diese Liste könnte leider mit unendlichen vielen weiteren Punkten gefüllt werden. Auch wenn viele Menschen mit derartigen Erfahrungen denken, sie könnten es beiseiteschieben, ist dies nicht wirklich der Fall. Denn das Erlebte schlummert im Unterbewusstsein und kann jederzeit an die Oberfläche gelangen. Daher ist es besonders wichtig, die Erlebnisse mit professioneller Hilfe zu verarbeiten. Solche Ereignisse in der Kindheit können meist nur mithilfe eines Therapeuten aufgearbeitet werden, um die Gefahr einer drohenden Depression einzudämmen.

Ebenso können traumatische Erlebnisse zu Depressionen führen wie beispielsweise:

- Unfälle
- plötzlicher Tod eines Familienmitglieds
- schwere Krankheiten
- sexueller Missbrauch
- Gewalt

Gerade bei den letzten beiden Punkten sollten sich Menschen, die so etwas erlebt haben, therapeutische Hilfe und Unterstützung suchen. In den wenigsten Fällen kommen Menschen mit solchen Erlebnissen alleine zurecht.

Körperliche Ursachen für eine Depression

Es gibt allerdings auch Ursachen, die körperlicher Natur sind, die eine Depression verursachen können. Hier erhalten Sie eine Übersicht über die Erkrankungen, deren Begleiterscheinungen eine Depression sein können.

- Lebererkrankungen

- Schilddrüsenerkrankungen
- chronische Erkrankungen
- schwere Infektionen (z. B. HIV)
- Wechseljahre
- Krebserkrankungen
- Störungen der Nebennierenfunktion
- Hirntumore
- Multiple Sklerose
- Parkinson
- Epilepsie
- Migräne
- Hirnhautentzündung

Weitere Auslöser für Depressionen können unter Umständen auch Medikamente sein.

Zu solchen Medikamenten gehören:

- Antiepileptika
- Herzmedikamente
- Schmerzmittel
- Beruhigungsmittel
- Entzündungshemmer
- Parkinsonmedikamente
- Hormonpräparate
- Antikrebsmittel
- Antibiotika
- Antipsychotika

Aus diesem Grund ist es immer wichtig, die Packungsbeilagen von Medikamenten genau zu studieren.

Wie beurteilen Sie Ihre neurobiologische Seite?

Setzen Sie hierfür bei den entsprechenden Fragen ein Kreuz, wenn dies auf Sie zutrifft. Hören Sie dabei sorgfältig in sich hinein und bleiben Sie sich selbst gegenüber ehrlich. Beschönigen Sie nichts und dramatisieren Sie bitte nichts.

- Haben Sie vor bestimmten wiederkehrenden Situationen Angst? ☐ Ja ☒ Nein
- Empfinden Sie bei bestimmten wiederkehrenden Situationen übermäßigen Stress? ☒ Ja ☐ Nein
- Fühlen Sie sich häufig unausgeglichen und/oder unzufrieden? ☒ Ja ☐ Nein
- Fühlen Sie sich häufig niedergeschlagen? ☒ Ja ☐ Nein
- Fühlen Sie sich antriebslos? ☒ Ja ☐ Nein
- Fehlt Ihnen Motivation? ☒ Ja ☐ Nein

Wenn Sie hier bei einigen Punkten ein Kreuz gesetzt haben, sollten Sie tiefer in die Materie einsteigen und der Ursache genau auf den Grund gehen. Bei den wiederkehrenden Situationen reicht es oftmals aus, eine Kleinigkeit im Verhalten zu verändern und diese Veränderung beizubehalten. So schaffen Sie es, eine neue etwas positivere Verknüpfung zu erschaffen.

Haben Sie eine der letzten vier Fragen angekreuzt, ändern Sie am besten Ihre Ernährungsweise und sorgen Sie für mehr Bewegung und Sport in Ihrem Leben.

Wie beurteilen Sie Ihre psychosoziale Seite?

Setzen Sie hierfür wieder bei den auf Sie zutreffenden Punkten ein Kreuz. Auch hier ist wieder absolut wichtig, sich selbst gegenüber ehrlich zu sein.

- Leiden Sie unter Mobbing in Ihrem Umfeld?
  ☐ Ja ☐ Nein
- Ist ein Familienmitglied verstorben? ☐ Ja ☐ Nein
- Haben Sie Konflikte in Ihrer Beziehung?
  ☐ Ja ☐ Nein
- Leben Sie in Scheidung oder Trennung? ☐ Ja ☐ Nein
- Gab es in Ihrer Kindheit Gewalt im Elternhaus?
  ☐ Ja ☐ Nein
- Gab es sexuelle Übergriffe? ☐ Ja ☐ Nein
- Wurden Sie mit Liebesentzug bestraft? ☐ Ja ☐ Nein

Wenn Sie hier ein oder mehrere Kreuze gesetzt haben, sollten Sie sich Unterstützung suchen. Bei den oberen vier Fragen können Sie sich entweder für eine Vertrauensperson entscheiden oder einen Therapeuten zu Hilfe nehmen. Bei den letzten drei Fragen sollten Sie sich auf jeden Fall in therapeutische Hände begeben, um das Erlebte aufzuarbeiten.

Sollten Sie bei den oben genannten Bereichen keinerlei Kreuze gesetzt haben, nehmen Sie Ihre körperliche Verfassung in Augenschein. Leiden Sie derzeit unter einer akuten Erkrankung? Denn wie oben bereits erwähnt gibt es einige Krankheiten, zu deren Begleiterscheinungen eine Depression zählt. Wenn bei Ihnen tatsächlich eine Erkrankung vorliegen sollte, suchen Sie Ihren behandelnden Arzt auf. Dort können Sie abklären lassen, ob die Depression eine Begleiterscheinung der bestehenden Krankheit sein könnte.

Darüber hinaus sollten Sie, wenn Sie auf Medikamente angewiesen sind, unbedingt die Packungsbeilagen lesen. Bei einigen Medikamenten, wie oben bereits erwähnt, kann die Depression eine Nebenwirkung darstellen. Sollte dies der Fall sein, ist es auch hier ratsam, umgehend den Arzt aufzusuchen. Vielleicht kann er Ihnen unter Umständen ein anderes wirksames Präparat verschreiben, ohne die Nebenwirkung einer Depression.

Wichtig ist, dass Sie keinesfalls selbstständig notwendige Medikamente absetzen und durch andere frei verkäufliche Präparate ersetzen. Dies könnte verheerende Folgen mit sich bringen und weitere gesundheitliche Probleme verursachen.

Die unterschiedlichen Arten der Depression

Das Krankheitsbild „Depression" unterscheidet sich in verschiedenen Formen. Darüber hinaus findet zusätzlich eine Klassifikation anhand der Menge der vorhandenen Symptome und anhand der Beeinträchtigungsstärke im Alltag für den Betroffenen statt. Nachfolgend erhalten Sie eine Übersicht über die verschiedenen Arten der Depression.

Die leichte Depression

Bei dieser Form ist der Betroffene durchaus noch in der Lage, seinem Beruf und seinen privaten Aufgaben nachzugehen. Allerdings ist ein Gefühl der Überforderung vorhanden und er hat zunehmend das Gefühl, völlig überlastet zu sein.

Die mittelgradige Depression

Hier fällt es dem Betroffenen schon wesentlich schwerer, seiner beruflichen und privaten Aufgaben zu erfüllen. Es besteht ein permanentes Gefühl der Überforderung und Überlastung. Zudem zieht er sich vermehrt aus seinem sozialen Umfeld zurück. Ebenso nehmen auch die körperlichen Beeinträchtigungen zu wie beispielsweise ein verändertes Essverhalten, Schlafstörungen sowie Rückenschmerzen.

Die schwere Depression

Bei diesem schweren Krankheitsbild kann der Betroffene nicht mehr für sich selbst sorgen. Die meisten Menschen mit dieser schweren Form weisen einen erheblichen Mangel an Hygiene auf, essen kaum etwas und verbringen oftmals die meiste Zeit in ihrem Bett. Die Welt ist für sie trostlos und die Hoffnungslosigkeit scheint sie zu überrollen. Hier wird ärztliche oder therapeutische Hilfe notwendig.

Die unipolare Depression

Hierbei handelt es sich um eine Depression, die ausschließlich aus depressiven Phasen besteht. Manische Phasen kommen bei dieser Form niemals vor.

Die bipolare Störung

Bei der bipolaren Störung handelt es sich um die manisch-depressive Krankheitsform. Die manischen wechseln sich mit den depressiven Phasen ab. Das bedeutet, dass der Betroffene in der manischen Phase nahezu euphorisch wirkt und in der depressiven Phase ein Stimmungstief herrscht.

Dysthymie

Der Betroffene befindet sich in einer dauerhaften Depression. Eine aktive Teilnahme am Alltag ist hier nahezu unmöglich. Allerdings ist dies Form noch ein Stück von einer schweren Depression entfernt, kann aber jedoch unbehandelt darin münden.

Die psychotische Depression

Bei dieser Form der Depression treten zusätzlich Wahnvorstellungen in Erscheinung sowie extreme Angst- und Panikattacken. Hier ist Rückfallquote sehr hoch.

Die melancholische Depression

Hier lässt sich die Stimmung durch nichts mehr aufheitern. Die Betroffenen sind recht teilnahmslos. Emotionen sind hier nicht mehr vorhanden.

Die Wochenbettdepression

Die Wochenbettdepression ereilt viele Frauen nach der Geburt. Diese Depression wird im Normalfall ambulant behandelt und erstreckt sich meist über einige Monate. Sollten jedoch suizidale Gedanken auftauchen, erfolgt eine stationäre Aufnahme der Wöchnerin.

Die Heultage

Bei den Heultagen handelt es sich um eine vorübergehende Depression, die ebenfalls nach der Geburt entstehen kann. Hierbei handelt es sich jedoch um eine leichte Form, die nach einigen Tagen von selbst wieder verschwindet. Die Heultage sind im Volksmund auch als Baby Blues bekannt.

Die saisonale Depression

Viele Menschen erkranken in der dunklen Jahreszeit an dieser Form der Depression. Da die Tage kürzer und die Nächte länger werden, wirkt sich der Lichtmangel negativ auf das Gemüt aus. Die Folge ist die saisonale Depression. Werden die Tage wieder länger, verschwindet diese Depression meistens wieder.

Selbsttest: Haben Sie eine Depression?

Wenn Sie den Verdacht hegen, an einer Depression zu leiden, überprüfen Sie zunächst einmal Ihre Lebenssituation auf Herz und Nieren.

- Sind Sie beispielsweise aufgrund des Lichtmangels in den Wintermonaten etwas angeschlagen?
- Haben Sie erst kürzlich entbunden?

Solche Hinweise sind wichtig, um eine Depression eindeutig bestimmen zu können. Deswegen sollten Sie auch Ihrem Hausarzt solche Informationen keinesfalls vorenthalten. Denn nur mit diesem Wissen kann er Ihnen wirklich helfen und Ihnen entweder die richtigen Medikamente verschreiben oder die für Sie geeignetste Therapieform empfehlen.

Beantworten Sie bitte die Fragen (ja, nein).

1. Fühlen Sie sich schwermütig? ☒ Ja ☐ Nein
2. Am Morgen fühle ich mich gut. ☐ Ja ☒ Nein
3. Ich weine unkontrolliert. ☐ Ja ☒ Nein
4. Ich fühle mich überfordert. ☒ Ja ☐ Nein
5. Ich habe Schlafstörungen ☒ Ja ☐ Nein

6. Haben Sie noch Freude an Intimität? ☒ Ja ☐ Nein
7. Essen Sie mehr oder weniger? ☐ Ja ☒ Nein
8. Ich habe Herzrasen. ☐ Ja ☒ Nein
9. Ich werde immer wieder grundlos müde. ☒ Ja ☐ Nein
10. Ich bin oft gereizt ☒ Ja ☐ Nein

Wenn Sie mehr als die Hälfte aller Fragen mit Ja beantworten konnten, dann sind Sie für Depressionen gefährdet.

Die Symptomatik einer Depression

Die Symptomatik der Depression ist unwahrscheinlich facettenreich. Die einzelnen Symptome dieser Erkrankung können sowohl körperlicher als auch psychischer Natur sein. Allerdings gibt es drei Hauptsymptome, die bei nahezu jeder Depression auftreten. Doch nicht immer treten diese zeitgleich auf. Doch je mehr Hauptsymptome feststellbar sind, umso wahrscheinlicher ist das Bestehen einer depressiven Erkrankung.

Diese drei Hauptsymptome sind gemäß ICD-10 (internationale Klassifikation): Antriebsmangel und schnellere Ermüdbarkeit, Verlust von Interessen und Freude, depressive Stimmung.

Antriebsmangel und schnellere Ermüdbarkeit

Ein an Depression erkrankter Mensch fühlt sich die meiste Zeit kraftlos und müde. Meistens stellt schon das morgendliche Aufstehen eine große Herausforderung dar und der Betroffene hat das Gefühl, vor einem schier unüberwindbaren Hindernis zu stehen. Selbst die kleinsten Arten von Bewegung können einen enormen Kraftakt für einen depressiven Menschen darstellen. Die Sprache und das Denken wirken auffallend langsam und das Gehen gestaltet sich schleppend. Darüber hinaus besteht meist keine Motivation, sich mit etwas zu beschäftigen. Der Tag wird von Müdigkeit und Kraftlosigkeit bestimmt und der Betroffene schläft vermehrt. Auf Dauer zieht sich der Depressive zurück und nimmt nicht mehr am sozialen Geschehen teil.

Verlust von Interessen und Freude

Generell ist es so, dass Interessen sich im Laufe des Lebens ändern können. Das ist nur allzu natürlich. Denn nur so entwickeln Menschen sich weiter und wachsen in ihrer Persönlichkeit. Auch die Freude wird nicht jeden Tag gleich stark empfunden. Es gibt durchaus Tage, an denen wir nicht so viel Freude empfinden wie sonst und Tage, an denen wir besonders stark Freude empfinden. Meist ist dies abhängig von der jeweiligen Tagesform und von den Ereignissen, die uns im Laufe des Tages begegnen. Aber das Leben an sich wird dennoch niemals infrage gestellt.

Bei einem depressiven Menschen gestaltet sich das Ganze jedoch wesentlich ausgeprägter und auffallender. Er beginnt das Leben infrage zu stellen und verliert das Interesse an sämtlichen Hobbys und lieb gewonnenen Beschäftigungen. Der Tag gestaltet sich für ihn immer freudloser und diese Freudlosigkeit betrifft alle Lebensbereiche. Ein depressiv erkrankter Mensch fühlt sich wie gelähmt und je nach Schweregrad der Depression kann sich eine gewisse Form von Emotionslosigkeit einstellen. Es breitet sich eine innerliche Leere aus, die mit der Zeit auch für Außenstehende sichtbar wird.

Depressive Stimmung

Depressive Stimmung heißt, dass sich der Mensch bedrückt fühlt. Dieses Gefühl muss nicht zwangsläufig aufgrund äußerer Umstände entstehen. Diese gedrückte Stimmung kann sich schleichend einstellen und ohne ersichtlichen Grund. Die Welt gestaltet sich für den Betroffenen auf Dauer farblose, die gute Laune der Mitmenschen kann schmerzen. Die Niedergeschlagenheit wird zunehmend stärker, sodass mit der Zeit andere Gefühlsregungen kaum noch möglich sind.

Diese vorangegangen beschriebenen Hauptsymptome sind bei jeder depressiven Erkrankung festzustellen. Allerdings gibt es noch einige Begleitsymptome, die zusätzlich bei einer Depression in Erscheinung treten. Sie gelten zudem als Alarmzeichen und sollten keinesfalls abgetan oder gar gänzlich ignoriert werden. Diese sind wie folgt:

Angst- und Panikzustände

In seinem Leben einmal Angst und Panik zu haben, ist durchaus normal. Davon kann sich mit Sicherheit keiner freisprechen. Doch bei Depressiven gestalten sich diese Angst- und Panikzustände wesentlich extremer. Die Gründe, weswegen sie Angst beziehungsweise Panik empfinden, haben oftmals eine nur allzu gut verständliche Grundlage. Beispielsweise können sie Angst haben, aufgrund ihrer Erkrankung ihren Job, ihren Lebenspartner oder wichtige Bezugspersonen zu verlieren. Diese Angst kann durchaus realistischer Natur sein. Allerdings neigen Depressive dazu, das Ganze noch zu dramatisieren. Sie stellen es in ihren Gedanken letztlich viel schlimmer dar, als es tatsächlich ist. Sie verfallen in andauernde Grübeleien und sehen letzten Endes dennoch keinerlei Ausweg.

Allerdings kann es bei Depressiven durchaus passieren, dass diese Angst- und Panikzustände ohne Grund auftreten. Das bedeutet, sie entstehen, ohne dass es dafür einen ersichtlichen Grund gibt. Diese Zustände treten häufig mit beispielsweise plötzlichem Herzrasen oder Atemnot auf. Überträgt sich dieser Zustand auf das unmittelbare Umfeld wie Lebenspartner und Familie, kommen noch Schuldgefühle hinzu. Letzten Endes führt es dazu, dass sich der Betroffene immer weiter zurückzieht, um sich solchen Situationen zu entziehen.

Appetitlosigkeit

Die Appetitlosigkeit ist mit eines der ersten Symptome, die bei einer Depression auftreten. Sollte eine Appetitlosigkeit gegeben sein, ist es wichtig, zuerst organische Erkrankungen mithilfe eines Arztes auszuschließen. Kann der Arzt eindeutig feststellen, dass keine organischen Beeinträchtigungen vorliegen, kann es ein Hinweis auf den Beginn einer Depression sein.

Gefühle von Schuld- und Wertlosigkeit

Als Begleitsymptome einer Depression können auch Gefühle von Schuld- und Wertlosigkeit auftreten. Der Betroffene gibt sich selbst für vieles die Schuld aufgrund seines mangelnden oder fehlenden Selbstwertgefühls. Weitere Begleiterscheinungen sind in diesem Fall auch Ekel vor sich selbst, sich schmutzig oder arm zu fühlen.

Entschlussunfähigkeit

Oftmals haben Depressive erheblich Probleme, sich zu entscheiden. Das beginnt schon bei der Wahl, was der Betroffene morgens anzieht, was er essen oder was er über den Tag verteilt erledigen möchte. Diese Unfähigkeit Entscheidungen zu treffen resultiert aus der Angst, Fehler zu machen. Die Betroffenen denken stundenlang darüber nach, ob sie etwas angehen oder wie sie etwas entscheiden sollten. Teilweise münden diese Grübeleien in einen Zustand der Lähmung und in Selbstvorwürfen.

Konzentrationsstörungen

Die Konzentrationsfähigkeit ist bei einem depressiv erkrankten Menschen meist erheblich eingeschränkt. Längeren Gesprächen zu folgen wird schwierig, längere Texte am Stück zu lesen, gestalten sich als ein erhebliches Problem. Je nach Schweregrad der Depression ist die Konzentrationsstörung für die Außenwelt erkennbar. Es entstehen häufige Pausen während eines Gesprächs mit einem Depressiven. Darüber hinaus meistens das Kurzzeitgedächtnis des Betroffenen ebenfalls stark beeinträchtigt. Viele der Erkrankten denken hierbei dann sofort an eine beginnende Demenz, was ihre Lage durchaus noch verschlimmert und in Angst- und Panikzuständen mündet.

Lebensüberdruss, Suizidabsichten

Suizidabsichten entstehen dann, wenn der depressiv Erkrankte sein Leben zunehmend als sinnlos betrachtet und er eine immer stärker werdende innere Leere verspürt. Der Suizid wird dann als einzig möglicher Ausweg angesehen und als Erleichterung. Letztendlich münden diese Suizidabsichten in konkrete Pläne.

Ob ein Betroffener sich mit Selbstmordgedanken beschäftigt oder tatsächlich schon Pläne in dieser Hinsicht hegt, können an folgenden Signalen erkannt werden:

- Der Betroffene betont vermehrt seine Hoffnungslosigkeit und seinen Lebensüberdruss.
- Er kündigt seine Suizidabsichten an.
- Der depressiv Erkrankte zieht sich komplett zurück.
- Es werden lebensgefährliche Aktionen wie gefährliche Klettertouren unternommen.
- Wichtige Erinnerungsstücke und persönliche Dinge werden verschenkt.
- Der Betroffene betrinkt sich immer öfter.
- In der Vorgeschichte des Depressiven gab es schon einige Suizidversuche.
- Er identifiziert sich zunehmend mit Menschen, die Suizid begangen haben.
- Er verfasst ein Testament und plant seinen Tod.
- Der Betroffene ist plötzlich extrem fröhlich, beinahe schon euphorisch.

Mangelndes Selbstwertgefühl

Das Krankheitsbild einer Depression wird immer von mangelndem Selbstwertgefühl begleitet. Der Depressive grübelt unentwegt über seine vermeintlichen Unzulänglichkeiten sowie Fehler nach. Sie werden so intensiv wahrgenommen, dass dies sogar in suizidale Gedanken münden kann. Denn der Betroffene bekommt immer mehr das Gefühl, dass er zu nichts zu gebrauchen ist und er es nicht wert ist, auf dieser Welt zu leben.

Negative Zukunftsperspektive und Hoffnungslosigkeit

Depressive Menschen sehen sich mit einer Hoffnungslosigkeit konfrontiert, aus der es keinen Ausweg mehr zu geben scheint. Sie sehen ihre Zukunft nur noch schwarz und pessimistisch.

Schlafstörungen

Viele depressive Menschen haben Probleme beim Ein- und Durchschlafen. Sie verspüren zwar eine starke Müdigkeit, aber dennoch ist der Schlaf stark gestört. Dies kommt zum einen durch plötzlich auftauchende Angstzustände und zum anderen durch das ständige Wälzen von Gedanken und Grübeleien. Darüber hinaus funktioniert durch die Krankheit der Hirnstoffwechsel nicht mehr richtig, wodurch der Schlafrhythmus zusätzlich gestört wird.

Diese oben beschriebenen Symptome sind durchaus gängige Begleiterscheinungen einer Depression. Allerdings gibt es noch eine Vielzahl weiterer körperlicher Symptome, von denen einige nachfolgend aufgelistet sind:

- Heißhunger auf Süßigkeiten
- Magen-Darm-Störungen
- Muskelkrämpfe
- Beklemmungen
- Atemnot
- Herzrasen
- Herzbeschwerden
- Schweißausbrüche
- körperliche Schmerzen jeglicher Art

- Schwindelgefühle
- verändertes Sexualleben
- uvm.

Entwicklungsstufen und Verlauf

Je nach Veranlagung des Menschen zeigt sich die Depression auf unterschiedliche Weise. Einige Betroffene ziehen sich von der Außenwelt zurück und verbringen die meiste Zeit in ihrem Bett oder auf dem Sofa. Andere wiederum zeigen sich extrem aktiv, um sich ihre Depression nicht anmerken zu lassen. Aber nach einiger Zeit ist diese Hyperaktivität plötzlich nicht mehr gegeben und der Betroffene wirkt auf einmal völlig lethargisch. Aus diesem Grund ist es manchmal gar nicht so einfach, den Schweregrad einer bestehenden Depression bei einem Menschen auszumachen, da er sich auf so unterschiedliche Weise präsentieren kann.

Um eine Depression festzustellen, wurden früher die unterschiedlichen Formen der Depressionen klassifiziert und in Gruppen unterteilt. Diese Klassifizierung erfolgte anhand der Ursachen der Depressionen. Allerdings wurde diese Art der Unterscheidung der Depressionsformen schnell wieder ad acta gelegt. Der Grund hierfür war, dass die Ursachen für die Depressionen meist nicht klar abgegrenzt werden konnten. Denn viele unterschiedliche Punkte können Auslöser für diese Erkrankung sein.

Die frühere Unterscheidung von Depressionen stellte sich wie folgt dar:

Die endogene Gruppe

Diese Gruppe der Depressionen beinhaltete Depressionen mit biologischer Ursache. Im Laufe dieser Erkrankung verändert sich der Gehirnstoffwechsel bezüglich der Nervenbotenstoffe. Zu dieser endogenen Depression zählten die manisch-depressive Form mit phrasenhaftem Wechsel, die periodisch wiederkehrende Depression und die altersbedingte Depression.

Die körperliche Gruppe

In dieser Einteilung ging es nicht um Depressionen, die sich aufgrund körperlicher Probleme entwickelten. Diese Gruppe enthielt die körperlichen Folgeerscheinungen einer Depression. Hierzu zählten beispielsweise Krebserkrankungen, Erkrankungen der Schilddrüse oder Stoffwechselgifte.

Die psychogene Gruppe

Bei dieser Gruppe handelte es sich um Depressionen psychischer Natur. Das heißt, die Ursachen dieser Depressionsformen sind in der Psyche des jeweiligen Menschen festzustellen. Solche Depressionen entstehen nach traumatischen sowie extrem schmerzhaften Erlebnissen, durch eine übermäßige Belastung des Menschen, die in Erschöpfung oder Entwurzelung mündet oder dadurch, dass sich der Betroffene im Laufe der Zeit in neurotischer Weise entwickelt.

Die Gruppe der depressiven Symptome in Kombination mit anderen psychisch bedingten Krankheiten

Zu dieser Gruppe zählten beispielsweise Zwangshandlungen, Burn-out und Angststörungen.

Da wie oben bereits beschrieben, diese Art der Unterteilung von Depressionen nicht mehr vorgenommen wird, hat der WHO (Weltgesundheitsorganisation) eine neue international geltende Unterteilung vorgenommen. Demnach erfolgt die erste Einstufung der Depression gemäß ihrer Verlaufsform und der ärztlichen Befunde. Hierzu wird festgestellt, ob periodisch auftretende depressive Phasen vorliegen, und ob es bereits in der Patientenvorgeschichte depressive Phasen gegeben hat.

Des Weiteren werden heutzutage noch folgende Verlaufsformen unterschieden:

- Bipolar: Bei dieser Verlaufsform kommt es im Wechsel zu manischen als auch depressiven Phasen.
- Unipolar: Bei dieser Form kommt es ausschließlich zu depressiven Phasen.
- Dysthymie: Hier handelt sich um eine Depressionsform, die seit mindestens zwei Jahren konstanter Natur ist. Neurotische Depression und depressive Neurose waren frühere Bezeichnungen für die Verlaufsform Dysthymie.
- Anpassungsstörung: Hierbei handelt es sich um Depressionen, die aufgrund psychosozialer Belastungen entstehen. Reaktive Depression war die frühere Bezeichnung für die Anpassungsstörung.
- Schizodepressive Erkrankung: Bei dieser Erkrankungsform treffen manische oder schizophrene Symptome auf die vorhandene Depression.

Zusätzlich zu den Verlaufsformen der Depressionen erfolgt eine Einteilung nach Schweregrad. Es gibt drei Schweregrade bei dieser Erkrankung. Die Einstufung erfolgt anhand der Anzahl der vorliegenden Haupt- und Zusatzsymptome einer Depression.

Bei dem Schweregrad 1 handelt es sich um eine leichte depressive Phase. Ausschlaggebend für diese Einstufung sind zwei vorhandene Hauptsymptome und zwei bestehende Zusatzsymptome. Allerdings sind die Symptome bei diesem Schweregrad nicht stark ausgeprägt.

Die Einstufung in den Schweregrad 2 erfolgt, wenn zwei Hauptsymptome vorhanden sind und bis zu vier Zusatzsymptome bestehen. Einige dieser Symptome weisen zudem eine starke Ausprägung auf. Bei diesem Schweregrad handelt es sich um eine mittelgradige depressive Phase.

Die letzte Einstufung ist der Schweregrad 3. Dabei handelt es sich um eine schwere depressive Phase. Sämtliche Hauptsymptome sind bei dieser Verlaufsform feststellbar und zudem mindestens vier Zusatzsymptome. Einige der Symptome sind zudem stark ausgeprägt.

Selbsttest - in welcher Stufe befinden Sie sich?

Mit diesem kurzen Selbsttest können Sie für sich selbst einschätzen, in welcher Stufe Sie sich befinden. Denken Sie aber daran, dass es sich hierbei nur um eine erste selbstständige Einschätzung handelt. Sie wissen aber dann ungefähr, welcher Schweregrad bei Ihnen am wahrscheinlichsten ist und können dementsprechend entscheiden, welchen Weg der Heilung Sie gehen wollen oder sogar müssen.

Dieser Test ist unterteilt in Hauptsymptome und Zusatzsymptome. Kreuzen Sie bei den Hauptsymptomen alles an, was Ihrer Meinung nach auf Sie zutrifft. Auf dieselbe Weise gehen Sie dann die Zusatzsymptome durch.

Hauptsymptome

- Freudlosigkeit/Interessenverlust
- depressive Stimmung (Trauer ist ausgeschlossen).
- Antriebslosigkeit/verstärkte Müdigkeit

Zusatzsymptome

- Entscheidungsunfähigkeit
- Konzentrationsstörungen
- mangelndes Selbstwertgefühl
- Gefühl von Wertlosigkeit/Schuldgefühle
- Angst-/Panikzustände
- Schlafstörungen
- Appetitlosigkeit
- Hoffnungslosigkeit/Perspektivlosigkeit
- Suizidgedanken

Nun zählen Sie zusammen, wie viele Kreuze Sie bei den Hauptsymptomen gesetzt haben und wie viele bei den Zusatzsymptomen. Anschließend vergleichen Sie diese mit den Schweregradstufen.

- Schweregrad 1: je zwei Haupt- und zwei Zusatzsymptome
- Schweregrad 2: zwei Haupt- und bis zu vier Zusatzsymptome

- Schweregrad 3: drei Haupt- und mindestens vier Zusatzsymptome.

Dieser Test dient wie bereits eingangs erwähnt nur als erste Einschätzung Ihrer Situation. Scheuen Sie sich bitte nicht davor, zusätzlich Ihren Arzt zurate zu ziehen! Vor allem dann nicht, wenn Sie sich mit der Stufe 2 oder drei eingestuft haben.

Leide ich unter Depression? – Die Selbstanalyse

Es ist nicht immer gleich zu erkennen, ob eine Depression vorliegt oder nicht. Der Beginn ist meist schleichend. Denn im Alltag gibt es immer auch Tage, an denen nichts Erfreuliches ist und an denen man sich nicht einfach nicht wohl in seiner Haut fühlt. Allerdings sollte dies keinen Dauerzustand darstellen. Im Leben sollten sich Höhen und Tiefen eigentlich die Waage halten. Kristallisiert sich heraus, dass die Waage sich immer mehr in Richtung Tiefe senkt, sollte der Ursache auf den Grund gegangen werden. Es könnte tatsächlich der Beginn einer Depression sein.

Ob Sie an einer Depression leiden, lässt sich anhand eines kleinen Schnelltests erkennen. Hierfür kreuzen Sie die nachfolgenden Fragen an. Seien Sie dabei sich selbst gegenüber ehrlich. Beschönigen Sie nichts und versuchen Sie auch nichts zu dramatisieren.

- Fühlen Sie sich oft ohne ersichtlichen Grund niedergeschlagen?
- Haben Sie vermehrt Schwierigkeiten ein- oder durchzuschlafen?
- Lässt Ihre Konzentrationsfähigkeit zunehmend nach?

- Fühlen Sie sich oft unzulänglich?
- Leiden Sie häufig an Müdigkeit am Tag?
- Haben Sie weniger Appetit als sonst?
- Lässt Ihre Energie zunehmend nach?
- Lässt Ihr Interesse an Ihren Hobbys merklich nach?
- Haben Sie häufig Angstattacken?
- Haben Sie des Öfteren Suizidgedanken?
- Können Sie sich nur schwer zu Aktivitäten motivieren?

Wenn Sie mehr als drei Fragen angekreuzt haben, könnte der Beginn einer Depression vorliegen. Haben Sie die Fragen, ob Sie Suizidgedanken hegen, angekreuzt, sollten Sie unabhängig der Anzahl der weiteren angekreuzten Punkte, sich umgehend Hilfe suchend an Ihren Hausarzt wenden.

Was ist der Weg aus meiner Depression?

Es gibt recht unterschiedliche Wege aus einer Depression. Zunächst einmal ist es aber wichtig, dass Sie für sich feststellen, dass Sie depressiv sind und sich das entsprechend eingestehen. Akzeptieren Sie diese Krankheit. Nur dann haben Sie die Möglichkeit, einen der nachfolgend beschriebenen Wege einzuschlagen. Entscheiden Sie dann, welchen Weg Sie gehen wollen.

Sie können sich für den Weg über Ihren Hausarzt entscheiden. Dieser wird Ihnen zunächst einmal zuhören und dann mit Ihnen die weiteren Schritte besprechen. Ihr Hausarzt schlägt Ihnen dann entweder eine Psychotherapie, eine medikamentöse oder eine andere Therapiearten vor.

Im Rahmen einer Psychotherapie erlernen Sie verschiedenen Bewältigungsstrategien, die Ihnen helfen, sich von Schuldgefühlen, Wertlosigkeit und mangelndem Selbstvertrauen zu befreien. Innerhalb der Psychotherapie gibt es unterschiedliche Therapieformen, die hier nachfolgend aufgelistet werden:

- Gesprächstherapie
- Verhaltenstherapie
- tiefenpsychologisch orientierte Therapie
- Interpersonelle Therapie

Welche Therapieart zum Einsatz kommt, entscheidet letztlich der Therapeut. Er wird aber mit Sicherheit die Form wählen, die den größtmöglichen Erfolg verspricht.

Bei einer medikamentösen Therapie kommen Antidepressiva zum Einsatz. Diese Medikamente sorgen für eine Antriebssteigerung und wirken stimmungsaufhellend. Die Wirkung der Medikamente ist erst nach einigen Wochen bemerkbar. Allerdings dürfen solche Medikamente niemals eigenständig abgesetzt werden.

Es gibt noch weitere Therapieformen, die bei einer Depression durchaus helfen. Hier erhalten Sie eine kurze Übersicht über die weiteren Formen:

Sport- und Bewegungstherapie

Diese Therapie zielt darauf ab, den Körper vermehrt Endorphine ausschütten zu lassen. Dadurch hebt sich die Stimmung und die Antriebslosigkeit reduziert sich.

Lichttherapie

Diese Therapie kommt meist bei saisonal bedingten Depressionen zum Einsatz. Der Lichtmangel in den Wintermonaten wird hierdurch wieder ausgeglichen. Somit kann die Stimmung wieder aufgehellt werden.

Schlafentzug/Wachtherapie

Diese Therapie wird stationär durchgeführt. Der Patient bleibt im Rahmen dieser Therapie die gesamte Nacht wach oder darf nur eine Hälfte der Nacht schlafen. Dadurch soll auch der Patient auf Dauer aus dem Stimmungstief geholt werden.

Elektrokrampftherapie

Diese Therapie erfolgt unter Kurznarkose. Während dieser Narkose wird das Gehirn mit Strom gereizt, um einen kontrollierten Krampfanfall auszulösen. Dadurch soll ein vermehrter Hormonausstoß im Gehirn verursacht werden. Um den Körper, während dieser Therapieform entspannt zu halten, erhält der Patient vorab ein entsprechendes Medikament.

Gestalttherapie

Bei dieser Form der Therapie sowie bei den drei nachfolgenden Formen soll die Kreativität des Patienten gefördert werden, die sich entspannend auf Körper und Geist auswirken.

- Musiktherapie
- Kunsttherapie
- Tanztherapie

Bei den letzten vier Therapieformen muss allerdings erwähnt werden, dass diese Formen nicht eigenständiger Natur sind. Das bedeutet, dass sie nur in Kombination mit einer medikamentösen oder Psychotherapie zum Einsatz kommen.

Wenn Sie sich gegen den herkömmlichen Weg aus der Depression entscheiden, bleibt Ihnen nur noch der Weg der eisernen Disziplin, sich selbst von der Depression zu befreien. Das ist mit Sicherheit der schwierigste Weg, der sich sehr herausfordernd gestalten kann. Aus diesem Grund erhalten Sie hier nun Hilfestellung, welche ersten Schritte Sie auf diesem Weg beschreiten müssen.

Was sind die Gründe für die Depression?

Überlegen Sie zunächst einmal, ob es Gründe für Ihre Depression gibt. Wenn ja, welche sind es? Geht es hierbei um eine längst fällige Entscheidung, die Sie vor sich herschieben, die vielleicht Grund für die Depression ist? Wenn das der Fall ist, überlegen Sie, warum Sie sich nicht entscheiden wollen. Was passiert, wenn Sie sich dagegen entscheiden und was, wenn Sie sich dafür entscheiden? Mit welcher Variante fühlen Sie sich am wohlsten? Analysieren Sie die Situation und entscheiden Sie sich.

Gibt es noch andere Gründe, dann nehmen Sie auch diese genauestens unter die Lupe. Überlegen Sie bei jedem Grund, wie Sie diesen Grund beseitigen können.

Räumen Sie Hindernisse Stück für Stück aus dem Weg

Listen Sie alle Hindernisse auf, mit denen Sie sich zurzeit konfrontiert sehen und die sich unüberwindbar anfühlen. Nachdem Sie die Liste erstellt haben, wählen Sie ein Hindernis aus. Und dieses gehen Sie dann Schritt für Schritt an. Jeden Tag ein bisschen. Erstellen Sie sich hierfür einen Plan, in dem Sie jeden noch so kleinen Schritt aufschreiben. Nehmen Sie sich für jeden Tag nur ein bis zwei Schritte vor. So erleben Sie jeden Tag einen kleinen Erfolg und laufen nicht Gefahr sich zu überfordern.

Suchen Sie sich Unterstützung

Suchen Sie sich jemanden, dem Sie vertrauen und bitten Sie ihn um Unterstützung auf Ihrem Weg. Denn es wird mit Sicherheit nicht einfach werden. Aus diesem Grund brauchen Sie jemanden, der Sie bedingungslos unterstützt und Ihnen immer wieder Mut macht und gut zuspricht, wenn Sie kurz vorm Aufgeben sind.

Informieren Sie sich über Ihre Krankheit

Informieren Sie sich eingehend über diese Krankheit. Das hilft Ihnen zu verstehen, was in Ihnen vorgeht. Darüber hinaus lernen Sie somit schneller, die Depression als eine Krankheit anzusehen, die heilbar ist. Des Weiteren erhalten Sie auf diesem Wege noch weitere Tipps und Tricks, wie Sie Ihrer Krankheit begegnen können. Das vereinfacht Ihnen den Umgang mit Ihrer Erkrankung und bringt Sie auf Ihrem Weg der Heilung weiter voran.

Seien Sie achtsam

Das bedeutet, dass stärker als sonst auf Ihre Bedürfnisse achten. Sagen Sie „Nein“, wenn Sie „Nein“ sagen wollen und nicht „Ja“. Wenn Sie spazieren gehen wollen, tun Sie es. Wenn Sie eine kleine Wellness-Auszeit in Ihrem Bad machen wollen, dann setzen Sie es auch um. Gewöhnen Sie sich an, sich jeden Tag etwas Gutes zu tun. Schenken Sie sich selbst jeden Tag Zeit für etwas, dass Ihnen Freude macht.

Wählen Sie ein Vorbild

Es gibt viele Menschen auf der Welt, die ungeheuer schwere Zeiten durchgemacht haben. Darunter gibt es auch einige berühmte Persönlichkeiten. Solche Berühmtheiten haben oftmals Biografien verfasst, in denen sie beschreiben, wie sie diese schwierigen Zeiten bewältigt haben. Nehmen Sie sich diese Menschen zum Vorbild. Lesen Sie ihre Biografien und übernehmen Sie die Strategien, die diesen Menschen geholfen haben. Wenn Sie sich mit einer schwierigen Situation konfrontiert sehen, überlegen Sie, wie Ihr Vorbild diese Situation wohl meistern würde.

Bringen Sie Farbe in Ihr Leben

Sorgen Sie in Ihrer Wohnung für eine bunte farbenfrohe Umgebung. Besorgen Sie sich Zimmerpflanzen und dekorieren Sie liebevolle Ihre Zimmer. Solch eine Umgebung wirkt sich positiv auf Ihr Gemüt aus.

Werden Sie kreativ

Nun haben Sie ein paar Anregungen für die ersten Schritte erhalten. Jetzt sind Sie an der Reihe. Überlegen Sie sich, was Ihnen noch alles guttun könnte und schreiben Sie es auf. Es muss Ihnen auch nicht sofort, alles Mögliche einfallen. Legen Sie sich einfach ein Notizheft mit Stift zurecht. Und jedes Mal, wenn Ihnen etwas einfällt, notieren Sie es sich dort. Wenn Sie merken, dass wieder ein Tief im Anmarsch ist, greifen Sie zu dem Heft und wählen Sie eine Gegenmaßnahme aus.

Wie kann ich mir und anderen aus der Depression helfen?

Sich selbst aus der Depression zu helfen, ist mitunter nicht einfach. Aber mit den nachfolgenden Tipps ist es machbar. Wichtig ist auf jeden Fall, sich immer wieder vor Augen zu führen, dass es sich bei einer Depression um eine heilbare Erkrankung handelt. Es gibt einen Weg in die Gesundheit zurück. Allerdings müssen Sie hierfür den ersten kleinen Schritt wagen. Und dieser Schritt ist, sich bewusst zu machen, dass Sie krank sind. Die nachfolgenden Punkte helfen Ihnen, diesen Weg Schritt für Schritt anzugehen. Lassen Sie sich aber dabei Zeit. Zu viel auf einmal zu wollen, geht meistens nicht gut. Sie müssen mit sich selbst behutsam und verständnisvoll umgehen. Nur dann haben Sie eine echte Chance, den Heilungsprozess zu beschleunigen und gesund zu werden.

Akzeptanz

Zunächst einmal muss die Erkrankung als solche bedingungslos akzeptiert werden. Denn es bringt nichts, die Augen davor zu verschließen. Es wird dadurch nur noch schlimmer und die Abwärtsspirale gestaltet sich zunehmend rasanter. Um zu verhindern, dass die Depression schlimmere Ausmaße annimmt, muss eine bewusste Lebensführung stattfinden. Das bedeutet, das Leben bewusst zu gestalten und nicht alltäglich an sich vorbeiziehen zu lassen. Nur auf diese Weise lassen sich spätere Rückfälle rechtzeitig erkennen und vermeiden.

Gegenmaßnahmen ergreifen

Wenden Sie unterschiedliche Strategien an, um sich aus dem Stimmungstief herauszuholen. Wichtig hierbei ist, diese Strategien regelmäßig anzuwenden. Probieren Sie einige aus, um festzustellen, welche für Sie am geeignetsten sind. Denken Sie dabei immer wieder daran, dass eine Heilung möglich ist. Sollte das Stimmungstief lang anhaltend sein, suchen Sie umgehend einen Arzt auf.

Achtsamer Umgang mit sich selbst

Gehen Sie während der Depression achtsam mit sich um. Hören Sie darauf, was Sie wirklich wollen und was nicht. Üben Sie vor allem das „Nein"-Sagen. So vermeiden Sie es, überfordert zu werden. Denn eine Überforderung würde nur Ihre Depression füttern und Sie noch tiefer in die Abwärtsspirale hineinziehen.

Erfolge feiern

Feiern Sie jeden noch so kleinen Erfolg. Feiern Sie jeden Schritt, den Sie aus Ihrer Depression hinaustreten. Das ist unabdingbar für Ihr Selbstwertgefühl und Ihre Motivation. Seien Sie stolz darauf, was Sie erreicht haben.

Konzentration auf Positives

Versuchen Sie sich, auf Positives zu konzentrieren. Sie werden erstaunt feststellen, wie viel Positives es tatsächlich in Ihrem Leben gibt. Lassen Sie dabei auch nicht Ihre persönlichen Stärken aus den Augen. Sie sorgen nochmals für einen kleinen Motivations- und Energieschub aus der Depression heraus.

Vertrauensperson

Sprechen Sie mit einer Person Ihres Vertrauens über Ihre Erkrankung. Pflegen Sie Ihre sozialen Kontakte. Sie werden eine wundervolle Unterstützung für Sie darstellen.

Für Ausgleich sorgen

Ein weiterer wichtiger Punkt ist, dass Sie immer wieder für Ausgleich in Ihrem Alltag sorgen sollten, indem Sie schönen Hobbys nachgehen, Sport treiben und ausgehen.

Haben Sie Geduld

Bleiben Sie mit sich selbst geduldig. Die Krankheit hat schleichend begonnen und wird nicht sofort auf Knopfdruck wieder verschwinden. Sie können sich jedoch gewiss sein, dass sich die Fortschritte zur Gesundung einstellen werden. Auch wenn sie nicht sofort spürbar oder erkennbar sind. Bleiben Sie geduldig am Ball!

Bleiben Sie offen

Egal, welche Maßnahmen Sie ergreifen, um wieder gesund zu werden, bleiben Sie immer offen für die Maßnahmen. Entscheiden Sie niemals im Vorfeld, dass es bei Ihnen nichts bringen würde. Probieren Sie es einfach eine Weile aus. Wenn Sie dann merken, dass es Ihnen wirklich nichts bringt, wenden Sie sich einer neuen Maßnahme zu.

Tipps beim Umgang mit Erkrankten

Wenn Sie in Ihrem Familien- oder Bekanntenkreis jemanden haben, der unter einer Depression leidet, gestaltet sich der richtige Umgang manchmal recht schwierig. Auch als Angehöriger stellt sich mitunter das Gefühl von Hilflosigkeit ein. Sie können sich schnell mit dieser Situation überfordert fühlen oder ungewollt den Depressiven überfordern. Die nachfolgenden Tipps helfen Ihnen beim richtigen Umgang mit einem Depressiven.

Als Krankheit anerkennen

Erkennen Sie unbedingt die Depression als Krankheit an, die heilbar ist. Es handelt sich weder um eine vorübergehende Stimmungsschwankung noch um eine unheilbare Krankheit.

Ihre Bereitschaft zur Unterstützung prüfen

Wichtig ist zu bedenken, dass Sie zunächst für sich selbst erst einmal überlegen, ob Sie wirklich bereit sind, den depressiven Menschen zu unterstützen und diesen Weg mit ihm gemein zu bewältigen. Sie müssen sich hierzu absolut sicher sein. Darüber hinaus sollten Sie darüber nachdenken, ob Sie wirklich der richtige Ansprechpartner sind. Wenn Sie selbst nicht die seelisch stabilste Person sind, sollten Sie sich nicht als Vertrauensperson und Unterstützung anbieten.

Bereitschaft des Erkrankten

Im nächsten Schritt sollten Sie prüfen, ob der Erkrankte überhaupt dazu bereit ist, sich Ihnen gegenüber zu öffnen und Sie als Vertrauensperson und Ansprechpartner anzuerkennen. Wenn dies nicht der Fall sein sollte, dann sollten Sie sich etwas zurückziehen. Drängen Sie sich keinesfalls aus. Das könnte in einem völligen Rückzug des Erkrankten enden.

Seien Sie geduldig

Haben Sie Geduld. Die Heilung benötigt Zeit und es bringt nichts, den Erkrankten verbal zu überfordern. Motivieren Sie ihn immer wieder auf sanfte Weise und unterstützen Sie ihn vorbehaltlos und uneingeschränkt, bei jedem Schritt, den er in die richtige Richtung unternimmt.

Machen Sie keine Vorwürfe und Vorhaltungen

Vermeiden Sie unbedingt Vorwürfe und Vorhaltungen. Sie erreichen damit nur das Gegenteil. Ein depressiv erkrankter Mensch macht sich selbst schon genügend Vorwürfe. Sie würden ihn damit nur tiefer in die Krankheit ziehen.

Sprechen Sie über Ihre eigenen Gefühle

Vergessen Sie bei aller Fürsorge bitte nicht Ihre eigenen Gefühle. Sie benötigen ebenfalls Zuspruch und Unterstützung. Sprechen Sie mit einer Person Ihres Vertrauens über Ihre Gefühlswelt und tauschen Sie sich mit anderen Angehörigen depressiver Menschen aus.

Achten Sie auf Ihre eigenen Bedürfnisse

Wichtig ist auch, nicht die eigenen Bedürfnisse aus den Augen zu verlieren. Sie müssen dafür sorgen, dass Sie trotz der belastenden Situation im Gleichgewicht bleiben. Nehmen Sie sich deshalb zwischendurch auch mal Zeit für sich selbst und tun Sie sich etwas Gutes.

Ärztliche Betreuung

In vielen Fällen ist eine ärztliche Betreuung des Depressiven absolut notwendig. Unterstützen Sie deswegen den Erkrankten bei Arztbesuchen und lassen Sie ihn bei diesem Schritt nicht allein.

Bleiben Sie in Kontakt mit dem behandelnden Arzt

Als Angehöriger sollten Sie unbedingt mit dem behandelnden Arzt oder Therapeuten in Kontakt bleiben. Erkundigen Sie sich immer wieder nach dem Stand der Dinge. Auch Sie selbst können sich dort Rat einholen

Reagieren Sie bei Therapie-Abbruch

Sollte der Erkrankte plötzlich die Therapie abbrechen, müssen Sie handeln. Fragen Sie nach und versuchen, ihn zur Wiederaufnahme der Therapie zu motivieren. Aber denken Sie daran, keine Vorhaltungen zu machen.

Hinterfragen Sie gut gemeinte Ratschläge Außenstehender

Viele Menschen meinen es gut, wenn sie Ratschläge erteilen. Allerdings sollten Sie diese immer wieder beim Arzt oder Therapeuten hinterfragen. Denn nicht alle Ratschläge sind wirklich geeignet für den Erkrankten. Vor allem bei Medikament-Vorschlägen sollten Sie unbedingt vorsichtig sein und vorab den Arzt befragen.

Mit dem Betroffenen nicht diskutieren

Viele an Depression erkrankte Menschen leiden an Hoffnungslosigkeit und Schwarzmalerei. Machen Sie bitte nicht den Fehler, eine Diskussion darüber anzuzetteln. Dies ist ein sinnloser Versuch. Stattdessen sollten Sie dem Depressiven immer wieder suggerieren, dass es sich bei der Depression um eine heilbare Erkrankung handelt und auch für ihn die Chance auf Heilung besteht.

Bei Suizidgedanken handeln

Sollten Sie feststellen, dass der Depressive immer wieder von Suizid und Lebensüberdruss spricht, müssen Sie handeln. Nehmen Sie solche Äußerungen absolut ernst! Handeln Sie umgehend! Gehen Sie auf keinen Fall über solche Äußerungen hinweg. Sie sind ein Alarmzeichen und solche Gedanken des Depressiven werden keinesfalls von allein wieder verschwinden. Hier ist unbedingt therapeutische und ärztliche Hilfe notwendig.

Tipps und Tricks, um Depressionen nicht aufkommen zu lassen

Um eine Depression nicht aufkommen zu lassen, ist es wichtig, sich sowohl gut um seine seelische als auch körperliche Gesundheit zu kümmern. Denn Alltagsbelastungen lassen sich aus unserem heutigen Leben nicht einfach wegdenken. Deswegen muss dafür Sorge getragen werden, einen seelischen Ausgleich zu finden und körperlich fit zu sein. Nur so lässt sich der Beginn einer Depression wirksam unterbinden. Die nachfolgenden Tipps helfen, eine beginnende Depression zu vermeiden.

Tagesplanung

Ein geregelter Tagesablauf ist wichtig. Alle anstehenden Tätigkeiten sollten zu Tagesbeginn aufgelistet werden, um vorab einen guten Überblick zu erhalten. Auf diese Weise können die Dinge nach und nach angegangen werden, ohne Angst und Sorge darüber, etwas Wichtiges zu vergessen. Darüber hinaus sorgt eine Tagesplanung auch dafür, sich nicht in zu vielen Aufgaben zu verzetteln und Erfolgserlebnisse zu erzielen.

Hobbys

Hobbys sollte regelmäßig nachgegangen werden. Wer sein Hobby ausüben kann, erfährt Freude, Sorglosigkeit und vergisst darüber ein wenig die Zeit. Dieser Ausgleich zum beruflichen Alltag ist ungemein wichtig. Nur so kann sich die Seele entspannen und grüblerische Gedanken finden keinen Platz mehr. Darüber hinaus kann sich die Kreativität entfalten, die eine höchst positive Wirkung auf unser Gehirn haben kann.

Belohnungsstrategie

Wichtig ist, Erfolgserlebnisse im Alltag nicht einfach zu übergehen und als selbstverständlich zu achten. Seien Sie es sich auf jeden Fall wert, Ihre Erfolge zu feiern. Freuen Sie sich ausgiebig über noch so jedes kleine Erfolgserlebnis. Das steigert Ihre Lebensfreude und sorgt für eine gehörige Portion Motivation für die nächste Tätigkeit. Das Ganze können Sie sogar noch steigern, indem Sie sich selbst eine Belohnung für den Erfolg zukommen lassen. Überlegen Sie sich, worüber Sie sich im Anschluss Ihrer erfolgreich absolvierten Tätigkeit freuen würden. Das verwenden Sie dann als Belohnung. Sie werden sehen, wie sehr das Ihre Stimmung heben wird. Genießen Sie es!

Bewegung/Sport

Der menschliche Körper ist auf körperliche Bewegung angewiesen, um einwandfrei funktionieren zu können. Unterschätzen Sie diesen Aspekt bitte keinesfalls. Denn Bewegung und Sport haben nicht nur auf den Bewegungsapparat und die inneren Organe selbst eine äußerst positive Auswirkung. Auch Geist und Seele profitieren ungemein von körperlicher Betätigung, da durch Sport und ausreichender Bewegung an der frischen Luft Glückshormone ausgeschüttet werden, die gute Laune und Ausgeglichenheit verursachen. Der Kopf kann während des Sports ausgiebig entspannen. Sorgen und Nöte geraten in den Hintergrund. Darüber hinaus sorgt Sport dafür, dass sich die Konzentrationsfähigkeit erhöht. Die Kreativität wird zudem gesteigert und Sorgen und Probleme erscheinen nicht mehr ganz so dramatisch, wie sie sich vielleicht anfangs noch präsentierten.

Eine halbe Stunde tägliche Bewegung ist oftmals schon ausreichend, um Körper und Geist positiv zu beeinflussen.

Konzentration auf die eigenen Stärken

Konzentrieren Sie sich überwiegend auf Ihre Stärken. Wer nur auf seine Schwächen schaut, fühlt sich irgendwann schwach. Ihre Stärken sind es, die Sie nach vorne bringen, die Sie positiv stimmen. Das, was Sie als Schwäche ansehen, ist bei jemand anderem vielleicht eine Stärke. Und das, worin Sie stark sind, ist bei jemand anderem eine Schwäche. Scheuen Sie sich nicht davor, sich Unterstützung zu holen, wenn Sie in irgendetwas nicht so gut sein sollten. Die meisten Menschen freuen sich, wenn sie jemand anderem helfen können. Somit können Sie sich getrost auf Ihre Stärken besinnen und erhalten dabei ein großartiges Lebensgefühl.

Soziale Kontakte

Wir Menschen sind durch und durch soziale Wesen. Wir benötigen einander, um freudvoll leben zu können. Deswegen sollten Sie unbedingt Ihre sozialen Kontakte pflegen und erhalten. Treffen Sie sich regelmäßig mit Freunden, unternehmen Sie schöne Dinge mit Ihrer Familie und unterhalten Sie sich auch mit Ihnen fremden Menschen. Auf diese Weise erleben Sie schöne Dinge, an die Sie sich immer wieder gerne erinnern werden. Und wenn es Ihnen an einem Tag mal nicht so gut gehen sollte, kramen Sie in Ihren Erinnerungen nach diesen schönen Erlebnissen und erleben Sie sie im Geiste noch einmal. Ihre Laune wird sich dadurch schlagartig verbessern und Sie fühlen sich wieder motiviert.

Überforderung vermeiden

Vermeiden Sie unbedingt, sich selbst zu überfordern. Wenn Sie Ihre Tagesplanung machen, schreiben Sie nicht zu viele Punkte auf. Durch eine dauerhafte Überforderung laufen Sie Gefahr, Ihre Aufgaben nicht mehr bewältigen zu können, was in ein Gefühl der Unzulänglichkeit münden kann. Der Beginn einer Depression ist dann meist nicht mehr weit entfernt. Schreiben Sie sich lieber zu wenig auf, in der Gewissheit, dass Sie dies auch ohne Probleme erledigen können. Machen Sie zudem immer wieder mal eine Pause, um durchzuatmen und etwas zur Ruhe zu kommen. Heutzutage wird der Wert von Pausen oftmals völlig unterschätzt. Tun Sie das bitte nicht. Pflegen Sie Ihre Pausen und halten Sie diese rigoros ein.

Seien Sie entscheidungsfreudig

Lieben Sie es, Entscheidungen zu treffen. Haben Sie keine Angst, etwas falsch zu machen. Denn die Entscheidungen treffen Sie letzten Endes ausschließlich für sich. Sie treffen Sie so, wie Sie Ihnen richtig erscheinen. Und denken Sie nicht darüber nach, ob es richtig oder falsch ist. In den meisten Fällen wird Ihre Entscheidung, die für sie richtige sein.

Streben Sie eine realistische Karriere an

Wenn Sie beruflich Karriere machen wollen, dann bleiben Sie dabei bitte realistisch. Überlegen Sie gut, was für Sie infrage kommt und was nicht. Denken Sie darüber nach, ob Sie dem Weg, den Sie dafür einschlagen müssen, gewachsen sind. Nicht immer ist eine berufliche Karriere auch wirklich erstrebenswert. Tun Sie es vor allen Dingen nicht nur um der Finanzen Willen, sondern nur, wenn Sie es persönlich wirklich wollen, weil es Sie bereichern würde.

Apropos Finanzen: Lassen Sie sich nicht von Geld dirigieren. Es heißt nicht umsonst: „Geld macht nicht glücklich." Es erleichtert einiges im Leben, das ist richtig, aber es sollte niemals die Hauptrolle in Ihrem Leben spielen.

Gesunde Ernährung

Ernähren Sie sich so gesund wie nur möglich. Viel Obst, viel frisches Gemüse und viel Wasser sollten auf Ihrem Speiseplan stehen. Der Körper benötigt viele Vitamine, Mineralien und Spurenelement. Mangelt es ihm an diesen Dingen, wird er träge, müde, kraft- und antriebslos. Dies kann sich mit der Zeit auch auf das Gemüt auswirken und der Weg zu einer Depression ist schon geebnet. Das heißt, natürlich nicht, dass es dann zwangsläufig dazu kommt. Dennoch sollten Sie allein schon um Ihres Körpers willen auf eine gesunde Ernährung achten.

Reflexion Ihrer Lebensbereiche

Reflektieren Sie in Ihren regelmäßigen Abständen Ihre verschiedenen Lebensbereiche. Denken Sie darüber nach, ob Sie zufrieden sind oder nicht. Sollte es in einem Lebensbereich nicht der Fall sein, denken Sie darüber nach, woran es liegt und ändern Sie diesen Punkt. Unterschätzen Sie die Wichtigkeit einer regelmäßigen Reflexion nicht. Nur so können Sie erkennen, ob Sie sich auf dem richtigen Weg befinden, oder ob irgendwo etwas im Argen liegt. Denn allzu oft gehen solche Dinge im Alltag unter und tauchen dann unvermutet mit einem Paukenschlag auf. Mit der regelmäßigen Reflexion können Sie solche bösen Überraschungen vermeiden.

Auf Warnsignale achten

Sollten Sie schon einmal unter einer Depression gelitten haben, sollten Sie sich die Anfangssymptome, die Sie hatten, unbedingt ins Gedächtnis rufen und notieren. Denn nur so bemerken Sie rechtzeitig, wann eine erneute Depression beginnen könnte. Richten Sie sich ein Heft ein, indem Sie diese Symptome notieren, und notieren Sie sich auch gleich Gegenmaßnahmen, die Sie ergreifen können, falls Sie solche Symptome wieder an sich bemerken. Darüber hinaus sollten Sie sich sämtliche Namen und Rufnummern in diesem Heft notieren, die Ihnen bei Ihrer letzten Erkrankung hilfreich zur Seite standen. Solche Personen sind beispielsweise Ihr Hausarzt, Ihr Therapeut oder eine Vertrauensperson. Haben Sie das Heft für den Notfall immer griffbereit! Das heißt, legen Sie es dorthin, wo Sie es sofort jederzeit finden.

Rechtzeitig um Hilfe bitten

Wenn Sie merken, dass tatsächlich eine Depression beginnt, legen Sie auf keinen Fall eine Decke des Schweigens darüber. Akzeptieren Sie, dass die Depression beginnt und bitten Sie um Hilfe. Versuchen Sie darüber hinaus, selbst mit geeigneten Maßnahmen gegenzusteuern. Hierbei können Ihnen bereits die oben genannten Punkte ein gutes Stück helfen.

Depression und die Folgen, wenn sie unerkannt bleibt

Aufgrund des schleichenden Verlaufs einer Depression, ist es häufig der Fall, dass die Depression unerkannt bleibt. Die Folgen können gravierender Natur sein.

Zu Beginn ist es den Betroffenen durchaus noch möglich ihren Alltag gut zu bewältigen, ohne dass es jemandem auffällt, dass sie an einer Depression erkrankt sind. Oftmals wissen die Betroffenen zu diesem Zeitpunkt selbst nicht, dass sie an einer Depression leiden. Sie fühlen sich lediglich überfordert, ausgelaugt und überlastet.

Im weiteren Verlauf der Krankheit nehmen die Symptome verstärkt zu. Die Konzentrationsfähigkeit lässt nach, es wird für sie immer schwieriger sich zu motivieren und ihre Leistungsfähigkeit verringert sich ebenfalls. Zu diesem Zeitpunkt beginnen die Betroffenen sich vermehrt zurückzuziehen. Sie leiden zudem zusätzlich unter körperlichen Symptomen wie beispielsweise Kreislaufproblemen, Schwindel, Kopfschmerzen oder Rückenbeschwerden.

Bleibt die Krankheit weiterhin unerkannt beziehungsweise unbehandelt, mündet die Krankheit in Teilnahmslosigkeit. Der Betroffene verlässt die Wohnung nicht mehr, vernachlässigt die Hygiene, isst kaum noch und verlässt in den meisten Fall nicht mehr das Bett. Sie sehen keinen Sinn mehr in ihrem Leben und es können bei schwerem Verlauf der Krankheit Selbstmordgedanken entstehen.

Die unerkannte Depression nimmt nun lebensbedrohliche Ausmaße an. Wenn weiterhin die Alarmsignale von beispielsweise Angehörigen ignoriert werden, kann die Depression für den Betroffenen ein tragisches Ende nehmen.

Aus diesem Grund ist es so wichtig, die Symptome einer Depression zu kennen und rechtzeitig zu handeln.

Hinweis: Wird eine Depression nicht behandelt, kann sie zum Burnout führen.

Burnout-Die schleichende Erkrankung

MIT DEM KRANKHEITSBILD Burnout lassen sich zahlreiche Symptome definieren. Erschöpft sein, sich ausgebrannt fühlt und gestresst zu sein sind nur einige Anzeichen der neuen Volkskrankheit. Erstmals wurde Burnout 1974 von dem amerikanischen Psychotherapeutin Herbert J. Freudenberger erkannt. Schon damals war Burnout eine der Probleme, welches sich in Sozialberufen etabliert hatte. Doch mittlerweile identifizieren sich immer mehr Menschen mit Burnout. Studien und Befragungen haben gezeigt, dass mittlerweile mehr als ein Drittel der Arbeitnehmer die Kriterien für einen Burnout oder eine der Vorstufen erfüllen.

Einige Zahlen weisen ganz eindeutig darauf hin, dass vorherrschende Arbeitskonstellationen dazu führen, dass Menschen chronisch überfordert sind. Derartige Zahlen beweisen aber auch, dass sehr viele Arbeitnehmer Probleme zwischen privaten Belastungen und beruflichen Situationen erleiden. Statistiken und Umfragen beweisen, dass solche Zahlen immer wieder die

Tatsache widerspiegeln das Burnout-Diskussionen zu vielen Ungereimtheiten und Verwirrungen sowie potenziellen Fehlinterpretationen führen.

Burnout ist keine anerkannte wissenschaftliche Diagnose. Ärzte stellen immer wieder eine psychische Erkrankung im Zusammenhang mit Burnout fest, jedoch sind beide Bereiche nicht gleichzusetzen. Burnout ist vielmehr eine Ansammlung verschiedener Symptome.

Definition für Burnout: Es handelt sich im einen Oberbegriff für verschiedene Wahrnehmungen persönlicher Krisen. Diese treten mit unauffälligen Frühsymptomen auf.

Fakt ist: Wird Burnout nicht frühzeitig genug erkannt und erfolgt keine Behandlung, können die Symptome zu vollständiger Arbeitsunfähigkeit und in manchen Fällen sogar zu Suizid führen. Betroffene von Burnout fühlen sich emotional erschöpft und haben das Gefühl vollständiger Überforderung. Daraus resultiert eine reduzierte Leistungszufriedenheit. Matthias Burisch, ein deutscher Psychologe, hat festgestellt, dass Burnout sich mit 130 Symptomen identifizieren lässt. Dabei sind diverse andere Störbilder mit integriert.

Wir möchten Ihnen helfen, sich mit diesem Buch mit dem Thema Burnout zu identifizieren und herauszufinden ob auch Sie an Burnout leiden. Sollte das der Fall sein, können Sie bei uns wichtige Hilfestellungen erhalten, wie sie Burnout vorbeugen können und wie sie aus dieser seelischen Situation entfliehen können.

Entsteht aus meinem Burnout eine Depression

Fälschlicherweise werden Burnout und Depressionen gleichgesetzt. Ärzte und auch Wissenschaftler warnen immer wieder davor, eine Depression mit den Erscheinungen eines Burnout-Syndroms gleichzusetzen. Denn die Beschwerdebilder sind unterschiedlich. Zum einen lässt sich eine Depression auf die niedergedrückte Stimmung, die Antriebslosigkeit und die Interesselosigkeit definieren. Die Ursachen einer Depression können biopsychosoziale Modelle definiere oder einfache Probleme am Arbeitsplatz und im Sozialverhalten zeigen. Genetische Faktoren, biologische Ursachen und Verlusterlebnisse führen häufig zu solchen Symptomen.

Burnout ist mit vollkommen anderen Symptomen zu definieren. Natürlich kann es dazu kommen, dass aus der einen Erkrankung eine andere entsteht. Studien beweisen, dass Patienten immer wieder bestimmte Verhaltensweisen während eines Burnout-Syndroms aufzeigen. Gleiche Verhaltensweisen lassen sich auch bei einer Depression diagnostizieren. Bleibt ein Burnout unbehandelt, kann es durchaus zu einer chronischen Depression führen. Es wäre also wichtig, das Burnout-Syndrom sehr genau zu definieren, und herauszufinden, ob man sich bereits in diesem Rat befindet.

Hinweis: Sollten Sie in den nachfolgenden Abschnitten feststellen, dass Sie Burnout Symptome aufweisen, möchten wir Sie bitten umgehend einen Arzt aufzusuchen, um eventuelle Diagnosen vornehmen zu lassen. Natürlich helfen wir Ihnen Ihre Burnout Symptome zu behandeln und Sie wieder auf einen besseren Weg zu führen.

An dieser Stelle lässt sich bereits sagen, dass Burnout durchaus zu einer Depression führen kann. Meistens handelt es sich im Phasensystem um die zweitletzte Krankheitsphase.

Gemeinsamkeiten beider Erkrankungen

Symptomatische Gemeinsamkeiten gibt es bei beiden Erkrankungen nicht. Wer eine Gemeinsamkeit zwischen dem Burnout-Syndrom und einer Depression sucht, wird nicht fündig werden. Auch wenn beide Erkrankungen augenscheinlich Gemeinsamkeiten aufweisen, sind die Symptome ebenso wie der Behandlungsverlauf unterschiedlich. Als Gemeinsamkeiten lassen sich lediglich finden, dass aus einem lang anhaltenden Burnout eine vollständige Erschöpfung und sogar eine lang anhaltende Depression entstehen könnte. Die Aussage, dass eine Burnout Erkrankung lediglich eine andere Bezeichnung für eine Depression ist, lässt sich also anhand der fehlenden Gemeinsamkeiten abwenden.

Unterschiede zwischen einer Depression und einer Burnout Erkrankung

Unsere Arbeitswelt und auch unser soziales Umfeld führen dazu, dass immer mehr Menschen sich erschöpft und vollkommen kraftlos fühlen. In den letzten Jahren sind die Zahlen der psychischbedingten Krankmeldungen angestiegen. Mit zu den häufigsten Krankheiten, die zu Fehltagen im Beruf führen, sind Depressionen, Angststörungen, Suchterkrankung und schlussendlich auch Burnout. Es ist nicht ganz einfach, eine Burnouterkrankung von einer Depression zu unterscheiden. Denn für den

Laien scheinen beide Krankheitsbilder die gleichen Symptome aufzuweisen.

Auch unter den Experten herrschen immer noch Uneinigkeiten, sobald es um die Definition der beiden Krankheitsbilder geht. Fälschlicherweise wird immer wieder angenommen, Burnout sei eine verdeckte Depression. Gesellschaftlich akzeptiert sind psychische Erkrankungen noch lange nicht. Obwohl unsere Gesellschaft immer häufiger unter solchen Erkrankungen leidet, wird den Betroffenen häufig nur wenig Mitgefühl und Verständnis entgegengebracht. Daher halten viele Betroffene ihre Burnouterkrankung oder auch ihre Depressionen aus Angst vor Ablehnung zurück.

Die Unterscheidungskriterien zwischen einem Burnout-Syndrom und einer Depression lassen sich auf zwei Merkmale definieren. Eine Depression wird häufig als ein dauerhafter Zustand interpretiert. Vor allem wenn sich Betroffene ohne eine Behandlung diesem Zustand aussetzen, verfestigt er sich und die freudlose und niedergeschlagene Gemütslage wird zum chronischen Bild. Jemand der an Burnout erkrankt durchläuft deutliche Phasen, die mit dieser Erkrankung in Verbindung zu bringen sind. Die Phasen des Burnout-Syndroms lassen sich mit überdurchschnittlichem Arrangement bis hin zu Misserfolgen und Versagensängsten definieren. Das sogenannte Hamsterrad-Gefühl entsteht. Der Betroffene fühlt sich in einem Hamsterrad gefangen, welches durch überdurchschnittlichen Einsatz und vollständigen Misserfolg geprägt ist. Wird diese emotionale Erscheinung nicht behandelt erfolgt die komplette Erschöpfung. Burnout Patienten wechseln mehrfach zwischen diesen Phasen, wobei es sogar Zeiten gibt in denen der Patient sich vollkommen gesund und unbeschwert fühlt.

Burnouterkrankungen sind im Gegensatz zu Depressionen meist mit komplex erscheinenden Merkmalen zu verstehen. Die Erschöpfungszustände, in denen sich ein Burnout Patient befinden kann, resultieren aus lang anhaltender Überlastung. Diese kann sowohl beruflich als auch familiär auftreten. Das Bedürfnis nach Ruhe und Entspannung wird bei diesen Patienten so groß, dass sie bis zur vollständigen Erschöpfung auf diesen Zustand hinarbeitet.

Die Depression ist im Gegensatz zum Burnout-Syndrom viel allgemeiner zu beschreiben. Eine Depression kann selbst ausgeglichenen Menschen betreffen und unter Umständen sogar mit einer erblichen Veranlagung beschrieben werden. Ausgelöst werden kann eine Depression durch alltägliche Erlebnisse oder beispielsweise durch den Todesfall in einer Familie. Grenzen zwischen einer Burnouterkrankung und einer Depression lassen sich also nicht scharf voneinander trennen.

Die Selbstreflektion kann helfen Burnout frühzeitig zu erkennen

Die Selbstreflexion des eigenen Verhaltens und des eigenen Tagesablaufes können dazu führen, dass Betroffene sehr schnell frühzeitig eine Burnouterkrankung erkennen. Mit der Selbstreflexion können auch Sie feststellen ob sie unter Burnouterscheinungen leiden. Sie werden dabei erkenne wie Sie ihren Alltag verbringen und wie Sie selber mit dem Thema Stress und Erschöpfung umgehen. Um zu verstehen wie wichtig eine Selbstreflexion für

Betroffene ist, sollte sich jeder vor Augen führen, dass Burnout eine körperliche und seelische Erschöpfung darstellt.

Man ist also nicht nur geistlich erschöpft, sondern auch der Körper zeigt eindeutige Symptome. Häufige Zusammenhänge lassen sich in diesem Fall durch das Arbeitsumfeld erkennen. Der überhöhte Erwartungsdruck sorgt dafür das Lustlosigkeit, negatives Denken, Aggression und sogar Pessimismus den Alltag bestimmen. Stellen Sie diese Aspekte bereits in einer Selbstreflektion fest, können Sie die Notbremse ziehen. Wir haben Ihnen nachfolgend einige wichtige Fragen aufgeschrieben, die Sie für Ihre Selbstreflektion nutzen können. Lesen Sie sich für ihre Selbstreflektion die nachfolgenden Fragen sehr genau durch. Sie ermitteln Ihren Burnoutzustand und das Risiko an Burnout zu erkranken. Bitte beantworten Sie die Fragen mit Ihrem ersten Impuls. Denken Sie nicht länger über Ihre Frage nach, sondern beantworten Sie diese wirklich aus dem Gefühl heraus.

Selbsttest zur Reflexion einer bestehenden Burnout-Gefahr

Seien Sie ehrlich und beantworten Sie die Fragen für sich selbst. Um eine anschließende Auswertung vorzunehmen, nutzen Sie bitte die Zahlen eins bis fünf.

- 1- trifft fast nie zu
- 2 -trifft selten zu
- 3 -trifft manchmal zu
- 4 -trifft häufig zu
- 5 -trifft fast immer zu

Wir werden Ihnen nun nachfolgend die Fragen aufzeigen, die Sie bitte direkt beantworten. Anschließend erfolgt eine Auswertung und Sie können feststellen inwieweit sie einem Burnout unterliegen.

1. In meinem Leben befindet sich zu viel Stress.
2. Auf private Kontakte und Freizeitaktivitäten muss ich oft wegen meiner Arbeit verzichten
3. Auf meinen Schultern lastet zu viel.
4. Ich leide unter ständiger Müdigkeit.
5. Das Interesse an meiner Arbeit habe ich seit Langem verloren.
6. Mein Handeln gleicht oftmals einer Maschine.
7. Meine Kollegen, Mitarbeiter oder Kunden interessieren mich nicht mehr.
8. Immer wieder mache ich zynische Bemerkungen über Mitarbeiter oder Kunden.
9. Ich fühle mich machtlos meiner eigenen Arbeitssituation ausgesetzt.
10. Durch meine Arbeit fühle ich mich emotional ausgehöhlt.
11. Für meine Arbeit und meine Leistung erhalte ich zu wenig Anerkennung.
12. Ich kann mich auf Mitarbeiter und Kollegen nicht verlassen, deswegen arbeite ich lieber für mich alleine.
13. Von dem Beginn einer neuen Arbeitswoche schlafe ich schlecht.
14. Meine Arbeit frustriert mich.

15. Mehrere oder eine der folgenden Eigenschaften trifft auf mich zu: ängstlich, nervös, ruhelos, reizbar.

Rechnen Sie nun bitte Ihre Gesamtpunktzahl zusammen.

Auswertung:

Wir möchten Ihnen nun anschließend eine kleine Auswertung geben, die Sie anhand Ihrer Punktzahl genauer betrachten können.

- Bis zu 30 Punkte: Sie haben ein geringes Burnout-Risiko und sollten sich noch keinerlei Gedanken machen.
- 31 bis 60 Punkte: Sie befinden sich mittlerweile im Beginn einer Burnout-Situation. Sie sollten an dieser Stelle versuchen Ihre Situation zu ändern.
- Über 60 Punkte: Es ist dringend an der Zeit etwas zu ändern. Die Selbstreflektion zeigt auf, dass Sie bereits im Hamsterrad stecken.

Die Stufen der Burnouterkrankung

Betroffene die unter Burnout leiden können einen Krankheitsverlauf deutlich erkennen. Dieser Krankheitsverlauf ist bis heute Gegenstand vieler Forschungen, die jedoch bis dato keine Einigkeit erbracht haben. Es gibt jedoch bis heute Erkenntnisse darüber, das Burnout in verschiedenen Stufen abläuft. Das Syndrom ist ein schleichender und langwieriger Prozess. Während dieses langwierigen Prozesses durchläuft ein Betroffener immer wieder Resignation, psychosomatische Auswirkungen ebenso wie Erschöpfung. Zu erkennen sind diese Anzeichen in 4 Vorstufen und 3 realen Burnout-Stufen. Natürlich durchläuft nicht jeder Betroffene 4 Vorstufe und 3 reale Burnout-Phasen. Es kommt immer auf den Patienten und sein Umfeld an.

Bevor wir nun über die 3 realen Phasen sprechen, möchten wir die 4 Vorstufen des Burnouts gerne definieren. Denn hier ist meist der Kern der Ursache zu finden. Die Leistungsbereitschaft die sehr viele Betroffene an den Tag legen schlägt in diesem Moment in Belastung um. Wer diese Phasen erkennt, kann frühzeitig gegen eine vollständige Burnout-Diagnose vorgehen.

Vorphase 1:

Diese Vorphase ist sehr leicht, zu erkennen, wenn man sich mit Burnout befasst hat. Denn sie wird geprägt von überdurchschnittlicher Leistungsbereitschaft, die sich auf die Arbeit oder auch auf das Privatleben auswirken kann. Betroffene sind in dieser Zeit sehr aktiv und weisen eine sehr große Willensstärke auf. Ärzte gehen davon aus das Betroffene diese Reaktion zeigen, weil im Vorfeld eine schwere Enttäuschung stattgefunden hat. Im Normalfall liegen diese Enttäuschungen in anderen Bereichen des Lebens. Einschneidende Erlebnisse die zur ersten Phase des Burnouts führen, könnte ein Arbeitsplatzwechsel mit negativen Konsequenzen sein. Auch der Wohnortwechsel oder der Wegfall eines Freundeskreises kann der Auslöser zur Vorstufe sein. Selbst der Todesfall eines geliebten Menschen oder die Diagnose einer schweren Erkrankung sind einschneidende Erlebnisse, die häufig zum Burnout führen können. Die hier angeführten Erlebnisse haben immer zwei Faktoren, die gleich bleiben. Sie führen zu Stress und zu starken Veränderungen im Leben. Betroffene verspüren diese Phase das Burnouts im ersten Moment nicht, da unser Körper Cortisol ausschüttet. Dieses Hormon macht unseren Organismus besonders leistungsfähig und wir fühlen uns gut.

Vorphase 2:

Wird die erste Phase nicht erkannt, dann wird diese zwangsläufig zur zweiten Phase, die mit einem enormen Stresspotenzial im Arbeitsalltag oder auch im privaten Alltag zu definieren ist. In dieser Phase ist der entscheidende Moment angebrochen, indem die Leistungsbereitschaft in Belastung umschwenkt. Der Idealismus verschwindet und der Betroffene muss erheblich mehr Energie aufwenden, um seine alltäglichen Aufgaben zu erledigen. Mit dem Wegfall der Leistungsbereitschaft verliert der Betroffene auch die Lust an seiner Arbeit und damit gerät er in das Hamsterrad, welches wir bereits am Anfang besprochen haben. Patienten neigen in dieser Vorphase dazu sich selbst oder anderen Vorwürfe zu machen. Vor allem passive Menschen, haben das Gefühl sich selber die Schuld an verschiedenen Dingen geben zu müssen. Burnout Betroffene sind in diesem Moment dem Leistungsdruck nicht mehr gewachsen und geben sich selbst die Schuld daran. Aggressive Menschen hingegen geben die Schuld anderen Menschen. Für ihre Veränderungen und ihre fehlende Leistungsbereitschaft machen sie andere Menschen verantwortlich.

Vorphase 3:

In dieser Phase erkennen Betroffene, dass sich Erwartungen, Wünsche und Ziele nicht in die Praxis umsetzen lassen. Sie akzeptieren diesen Zustand, wodurch eine massive Frustration entsteht. Über diese Frustration gerät der Betroffene in den Zustand der Enttäuschung. Wird dem Betroffenen an dieser Stelle nicht geholfen oder kann er sich an dieser Stelle selber nicht helfen, dann gerät er unweigerlich in das Burnout-Syndrom.

Das sind die drei Vorstufen, die jeder Betroffene mit einer Selbstreflektion versuchen sollte zu erkennen. Unseren Fragebogen zur Selbstreflektion finden Sie im oberen Abschnitt. Sollten Sie an dieser Stelle keine Hilfe erhalten dann werden aus den Vorstufen 4 reale Burnoutstufen. Sie geraten in eine Spirale der Hoffnungslosigkeit, aus der man nur schwer wieder entfliehen kann. Wir möchten auch diese vier Phasen gerne etwas näher erklären.

Phase 1:

In dieser Phase verspüren Betroffene sehr häufig, dass der Druck ihnen über den Kopf wächst und dass sie der Situation nicht mehr gewachsen sind. Es entsteht eine sogenannte Überforderung. Ein Leistungsabfall ist in diesem Fall nicht mehr aufzuhalten. Der Betroffene leidet unter Konzentrationsmangel und Schwäche. Auch sein Urteilsvermögen und sein Denkvermögen sinken. Es passieren Flüchtigkeitsfehler und der Betroffene gerät in einen Kreislauf des Versagens. Dieser Aspekt führt dazu, das Betroffene sich oft hilflos fühlen und zum Teil emotional Reaktionen zeigen.

Phase 2:

Wurde die Phase 1 nicht erkannt, kommt unweigerlich Phase 2, in der sich der Betroffene immer weiter zurückzieht und Kontakte vollständig meidet. Sein Bedürfnis nach Kommunikation und Aufmerksamkeit sinken drastisch. Er gelangt in eine Gleichgültigkeit und beginnt eine Isolation aufzubauen. Betroffene zeigen in dieser Phase den Fokus vollständig auf sich selbst. Das Interesse für seine Mitmenschen singt, sodass eine Vereinsamung droht.

Phase 3:

In dieser Phase überträgt der Betroffene die psychischen Mängel sowie die sozialen Konsequenzen auf den Körper. Es entstehen psychosomatische Beschwerden. Psychosomatische Beschwerden sind Körperreaktionen, die anhand einer seelischen Erkrankung bemerkbar werden. Dazu gehören Rückenschmerzen, Schlaflosigkeit oder auch Verspannungen und Verdauungsstörungen. Betroffene sollten diese typischen Krankheitsbilder in der dritten Phase genau definieren können. Auftreten können diese Beschwerden durch die fehlende Ausschüttung von Cortisol. Das wiederum führt zu einer schlechteren Immunreaktion im Körper. Der Körper wird allgemein anfälliger und es entstehen Herz-Kreislaufprobleme. In der Phase 3 werden diese körperlichen Beschwerdebilder so stark impliziert, dass sie den Alltag bestimmen.

Phase 4:

Die letzte Phase des Burnout ist die Hoffnungslosigkeit. Das Leben scheint in jeder Minute sinnlos und Selbstmordgedanken beginnen sich in die Gedankenwege zu schleichen. Statistiken zeigen, dass sehr viele Betroffene den Suizid nicht wählen, da sie Angst vor dem qualvollen Sterbeprozess haben. Das schützt viele Betroffene davor ihr Leben zu beenden.

Sollten Sie sich in eine dieser Phasen erkannt haben oder jetzt bereits beginnen verschiedene Phasen zu durchlaufen, dann ist es wichtig sich Hilfe zu suchen. Gehen Sie zu einer Vertrauensperson oder direkt zum Arzt. Dieser kann Ihnen helfen aus der allgemeinen Hilflosigkeit zu entfliehen und ihr Leben wieder mit schönen Gedanken zu füllen.

Psychosomatische Störungen durch Burnout-Was will mein Körper mir mitteilen

Wir haben es durch die vier Phasen des Burnout bereits angesprochen, dass im Körper psychosomatische Störungen entstehen können. Diese werden häufig mit Burnout in Verbindung gesetzt. Leidet unsere Seele, leidet auch unser Körper an den Folgen. Es lassen sich mit dem Burnout also nicht nur psychische Verstimmungen und beängstigende Zweifel feststellen, sondern depressive Phasen die mit psychosomatischen Symptomen einhergehen. Diese Symptome können sich auf unterschiedlichste Weise über unseren Körper definieren.

Welche Auswirkungen kann Burnout auf den Körper haben:

1. Kopfschmerzen
2. Funktionsstörungen im Bewegungsapparat
3. Herz-Kreislaufprobleme
4. Magen-Darm-Beschwerden
5. Auswirkungen auf die Wirbelsäule und das Muskelsystems

Da diese Symptome meistens nicht burnoutspezifisch festzustellen sind, sondern auch im Alltag gelegentlich vorkommen können, schieben viele Betroffene die Bedenken einer Burnouterkrankung weg. Doch der Zusammenhang mit einer akuten Belastungssituation lässt nicht nur unsere Seele leiden, sondern auch unser Körper zeigt Anzeichen.

Eine besondere Aufmerksamkeit sollten Sie auf Ihren Körper legen, wenn plötzliche Schlaflosigkeit auftritt oder die Frühwarnsysteme eines gestressten Körpers auftreten. Diese Warnsignale werden anhand der Selbstreflektion, im oberen Abschnitt sehr schnell sichtbar. Hören Sie genau auf Ihr Innerstes und stellen Sie fest, welche körperlichen Anzeichen Ihr Körper zeigt.

Werden diese Warnsignale nicht ernst genommen kann das körperliche Abwehrsystem geschädigt werden. Das bedeutet, Sie sind schneller anfällig für Erkrankungen und Infekte. Auch Schlafstörungen mit Albträumen und sexuelle Probleme können als Folge einer nicht behandelten psychosomatischen Störung auftreten. Betroffene beschreiben sehr oft Verdauungsstörungen die mit Magenschmerzen auftreten. Werden diese Probleme nicht behandelt kann eine Schwierigkeit in der Gewichtsbalance entstehen. Burnout steigerte nicht nur die Gefahr regelmäßiger Erkrankungen und eines geschwächten Abwehrsystems, sondern es steigert auch das Suchtpotenzial. Immer wieder greifen Betroffene zu Alkohol, Tabak und anderen Drogen, um ihre körperlichen und seelischen Probleme zu vergessen.

Burnout Ursachen: Die neue Volkskrankheit Burnout

Burnout ist bis heute eine umstrittene Symptomatik. Viele Betroffene haben nicht das Gefühl Burnout zu haben. Dabei sind die Symptome sehr deutlich zu erkennen. Die Ursachen lassen sich in unterschiedliche Bereiche eingliedern. Burnout lässt sich also nicht nur auf eine Überlastung schieben. Die Ursachen der Erkrankung können auf persönliche Gründe, auf berufliche und sogar auf äußere Faktoren bezogen werden.

Persönliche Ursachen erkennen

Das Burnout-Syndrom kann sehr vielfältige Ursachen haben. Einige Menschen haben eine persönliche Prägung, die zum Krankheitsausbruch führen. Auch wenn Burnout nicht als alleinstehende Krankheit beschrieben wird, ist das Burnout-Syndrom in unserer Gesellschaft als Krankheit angekommen. Von Burnout sind Menschen mit besonderen Eigenschaften sehr häufig betroffen. Perfektionismus und Ehrgeiz führen sehr häufig zu einem Burnout-Syndrom. Perfektionisten, die sehr ehrgeizig sind, haben häufig unrealistisch hohe Anforderungen an sich selbst, die sie unter enormen Stress setzen. Das eigene Selbstwertgefühl dieser Personengruppen hängt sehr von ihren persönlichen und beruflichen Erfolgen ab. Können diese enorm hohen Erwartungen nicht erfüllt werden, führt das sehr häufig zum Burnout-Syndrom.

Aber auch Menschen mit ausgeprägten Verantwortungsbewusstsein, müssen der Gefahr an Burnout zu erkranken ins

Auge blicken. Wenn auch Sie diese Merkmale an sich erkennen, sollten Sie sich fragen inwieweit Sie durch eine Selbstreflektion bereits das Burnout-Syndrom erkennen. Menschen mit einem hohen Verantwortungsbewusstsein sind im besonderen Maße für Mitmenschen verantwortlich. Sie fühlen sich für diese Menschen verantwortlich und neigen dazu überdurchschnittlich viel Zeit und Energie zu investieren. Das laugt den eigenen Körper aus und führt dazu, dass ein Burnout-Syndrom realistisch wird. Menschen in sozialen Berufen neigen sehr häufig dazu, sich beim Arzt wegen Überlastung vorzustellen. Der eigene Ehrgeiz, ein hohes Verantwortungsmuster erfüllen zu müssen, sorgt dafür das Burnout zur realistischen Gefahr wird. Es ist äußerst schwer die persönlichen Ursachen für eine Burnouterkrankung zu erkennen. Sie sollten sich jedoch grundlegend fragen, ob Ihre Anforderungen an Sie selbst überdimensional hoch sind. Wenn Sie spüren, dass Ihr eigenes Verhalten dazu führt, an ihnen selber zu zweifeln, ist es wichtig dieses Verhalten zu unterbinden an ihnen selber zu zweifeln, ist es wichtig dieses Verhalten zu unterbinden.

Mit zu den persönlichen Ursachen können auch mangelnde Stressbewältigungsmechanismen gehören. Menschen, die mit Stress nicht umgehen können, haben auch keine Möglichkeit diesen Stress abzubauen. Das wiederum führt sehr schnell zu einer Überlastung des Körpers und des Geistes. Sensible Menschen sind sehr häufig von Burnout betroffen. Wenn auch Sie zu der ängstlichen Gruppe von Menschen gehören, werden Sie schnell die Überforderungen im Alltag spüren. Das sind bereits die ersten Vorstufen, die Sie direkt in die Arme des Burnout-Syndrom führen.

Berufliche Auslöser erkennen

Das Burnout-Syndrom kann nicht durch persönlichen Ursachen erkannt werden, sondern auch berufliche Auslöser sind häufig ein Grund, dass Menschen sich ausgebrannt fühlen. Mit zu den größten Stressfaktoren gehört der Zeitdruck im Beruf oder auch das Multitasking, welches von vielen Angestellten erwartet wird. Die Arbeitswelt ist so ausgerichtet, dass eine einzelne Person sehr viele Aufgaben übernehmen kann und muss. Dadurch entsteht ein enormer Zeitdruck, der wiederum zu Fehlern führt. Ein Aspekt, der nicht nur den Arbeitnehmer und den Arbeitgeber stört, sondern vor allem krank machen kann. Aber nicht nur Zeitdruck und das Verlangen nach Multitasking sind Gründe für ein berufliches Burnout, sondern auch fehlende Zielvorgaben und Erfolgskriterien. Selbst das schlechte Betriebsklima kann Burnout hervorrufen. Nacht- und Schichtarbeit lassen sich anhand der starken körperlichen und seelischen Belastung ebenfalls in die Ursachen einfügen. Auch hier lässt sich wiederum feststellen, dass sozial engagierte Berufe sehr häufig von dieser Erkrankung betroffen sind.

Gesellschaftspolitische Ursachen

Gesellschaftspolitische Faktoren können die Entwicklung eines Burnout vorantreiben. Gerade die unsichere Arbeitsmarktsituation weckt Ängste und Zweifel. Das wiederum kann ein Burnout-Syndrom realistisch machen. Die Angst und die Gefahr den eigenen Arbeitsplatz zu verlieren, oder den Arbeitsvertrag nicht verlängert zu bekommen, sorgt bei vielen Menschen zu Selbstzweifeln. Die Wertschätzung der Gesellschaft und der beruflichen

Erfolge minimiert sich. Wenn auch Sie sich in einer solchen Situation befinden, dann werden Sie erkennen wie stark das Selbstwertgefühl sinkt. Sie setzen sich selber stark unter Stress und möchten immer das Beste geben, um Ihren beruflichen Erfolg für die Zukunft halten zu können. Das wiederum sorgt sehr schnell für Burnout und burnoutähnliche Symptome. Der gesellschaftspolitische Druck, wächst auf Arbeitnehmer, was zu Frustration und Überforderung führt. Auch diese Aspekte lassen sich als Ursache für Burnout anführen.

Tipps und Tricks die Anzeichen eines bevorstehenden Burnout zu erkennen

Lustlosigkeit, Übellaunigkeit und Gereiztheit gehören mit zu den ersten Anzeichen eines bevorstehenden Burnout. Aber auch Gefühle des Versagens und der Sinnlosigkeit lassen sich als Anzeichen ansprechen. Sollten Sie Angst verspüren, die eigenen Anforderungen nicht mehr zu bewältigen, und ein mangelndes Interesse an Ihrem Beruf oder den Aufgabenbereichen haben, können Sie bereits Anzeichen eines bevorstehenden Burnout erkennen. Auch permanente Müdigkeit, Mattigkeit und Kraftlosigkeit gehören mit zu den wichtigsten Erstanzeichen.

Wir möchten Ihnen in diesem Abschnitt einige Tipps und Tricks verraten, wie Sie die Anzeichen des Burnout bereits selber erkennen können. Dafür müssen Sie nicht unbedingt einen Arzt aufsuchen, denn die Anzeichen lassen sich von jedem sehr schnell wahrnehmen.

Verzerrte Wahrnehmung der Realität:

Wenn Sie selber spüren, dass der Wert an Freundschaften und beruflichen Kontakten für Sie keine Qualität mehr besitzt, dann leiden Sie bereits an einer verzerrten Wahrnehmung der Realität. Berufliche Kontakte oder private Kontakte werden für Personen die an Burnout erkranken zur Belastung.

Das Ausblenden eigener Bedürfnisse:

Haben Sie sich in der letzten Zeit einmal gefragt, wie Ihre eigenen Bedürfnisse befriedigt werden? Sollten Sie dazu neigen Ruhe, Schlaf und Regeneration in den Hintergrund zu stellen, nur um berufliche oder private Aufgaben zu erfüllen, dann sind Sie bereits auf dem besten Weg dazu ein Burnout-Patient zu werden.

Verstärkte Leistungsbereitschaft:

Wachsen Ihre eigenen Ansprüche an sich selbst? Bringen Sie immer mehr Energie auf, um die eigenen Ansprüche auf Perfektionismus und Leistung zu erfüllen? Dann haben Sie auch hier ein Anzeichen für das Burnout-Syndrom gefunden. Eine verstärkte Leistungsbereitschaft führt dazu, dass man sich schnell selber mit Aufgaben und Pflichten überfordert fühlt.

Hoffnungslosigkeit:

Die Hoffnungslosigkeit breitet sich nicht nur bei Depressionen aus, sondern auch beim Burnout-Syndrom. Sie haben das Gefühl, positive Gefühle nicht mehr in Ihr Leben integrieren zu können. Alkohol und Medikamente sorgen häufig für eine Ersatzbefriedigung. Das soziale Umfeld wird von Ihnen bereits als

Bedrohung angesehen und Sie fühlen sich mit allen Aufgaben überfordert.

Depression:

Dauerhafte Verzweiflung und Niedergeschlagenheit führen dazu das Burnout immer realistischer wird. Wenn Sie spüren, dass Sie verzweifelt sind und aus der Niedergeschlagenheit nicht mehr selber heraustreten können, dann sprechen wir in diesem Fall von einer Depression. Sie kann als Teilgebiet der Burnout Symptomatik beschrieben werden.

Persönliche To-Do-Liste, um die Auslöser der Burnout Erkrankung zu erkennen

Haben Sie Angst an Burnout zu erkranken oder eventuell im oberen Abschnitt sich bereits selber erkannt zu haben, da möchten wir Ihnen an dieser Stelle eine To-Do-Liste bieten, mit der Sie die Auslöser der Burnouterkrankung erkennen können. Mit dieser To-Do-Liste haben Sie die Möglichkeit schnell ein eigenes Handlungsmuster zu implizieren, mit dem Sie erkennen, ob Sie Burnout gefährdet sind.

- Ziehen Sie sich an einen ruhigen Ort zurück.
- Reflektieren Sie Ihr Leben neu.
- Schreiben Sie, auf welche Gefühle sich momentan in Ihnen manifestieren.
- Vergleichen Sie diese Gefühlslagen mit unseren Tipps und Tricks.
- Erkennen Sie, welche Anzeichen für Ihr Burnout zu finden sind.

- Ordnen Sie diese in berufliche oder private Anzeichen ein.
- Versuchen Sie die Erkenntnis und die Bereitschaft zu finden an sich selber zu arbeiten.
- Finden Sie etwas, um Ihren Stress abzubauen.

Hinweis: Um Stress abzubauen, haben Sie die Möglichkeit gezielte Entspannungsübungen zu nutzen. Hier bieten sich Yoga oder auch autogenes Training an. Selbstverständlich kann auch regelmäßige Bewegung und ausreichend Schlaf dazu führen, dass Sie dem Stressmuster entkommen können. Gezielte Auszeiten zu nehmen, gehört ebenfalls mit dazu sich den Anzeichen der Burnouterkrankung zu entfernen. Handy, Laptop und Tablet sollten in dieser Auszeit nicht genutzt werden. Eine gesunde Ernährung spielt ebenso eine wichtige Rolle.

Wie erkenne ich Burnout an mir selber und anderen

Der Begriff Burnout stammt eigentlich aus dem Englischen und steht im deutschen Sprachgebrauch für das Wort Ausgebranntheit. Man kann es auch mit der totalen Erschöpfung definieren. Viele Betroffenen schieben diesen Aspekt aus ihrem Leben heraus, denn sie sind sich sicher selber an Burnout zu erkranken, wäre unmöglich. Immerhin treiben sie ausreichend Sport, ernähren sich gesund und lesen regelmäßig ein Buch. Wenn auch Sie beginnen Burnout aus ihrem Leben wegzuschieben, dann sollten Sie darüber nachdenken, ob Sie eventuell die ersten Anzeichen eines Burnout-Syndrom aufzeigen. Denn Burnout kann jeden treffen. Es ist vollkommen egal, welchen beruflichen Weg man im Leben eingeschlagen hat. Lehrer leiden ebenso wie Manager unter Burnout. Selbst Krankenschwestern oder alleinerziehende Eltern können mit zu dieser Gruppe gezählt werden. Aber selbst Rentner oder Menschen, die keinen Beruf ausüben, sind nicht davor geschützt Burnout zu erhalten. Sind die Energieakkus vollkommen leer, zeigt man Anzeichen einer Burnouterkrankung.

Die Selbstreflexion des eigenen Umfeldes

Die Selbstreflektion gehört beim Burnout ebenso mit dazu wie die Bewältigung des eigenen Stresslevels. Jeder Mensch reagiert auf Belastungen anders. Manche Personengruppen sind schon bei geringem Druck diesem kaum gewachsen und neigen dazu sehr häufig an Burnout zu erkranken. Andere wiederum können einem hohen Belastungsdruck standhalten und befinden sich erst spät in der Burnout-Spirale. In unserem Leben und unserer Gesellschaft gibt es aber auch einige schwierige Situationen mit denen selbst Stresserprobte ein Problem bekommen. Es gibt Situationen im Leben die so belastend und verzehrend sind, dass nur wenige Menschen sie ohne Burnout überstehen können. Experten beschreiben dieses Ereignis als passives Burnout.

Fakt ist: Selbst widerstandsfähige Menschen können an Burnout erkranken. Um Burnout an sich selber zu erkennen oder am eigenen Umfeld, sollte man eine Selbstreflexion durchführen.

Um das eigene Umfeld zu reflektieren sollten Sie sich einige ruhige Minuten nehmen. Versuchen Sie Ihre Mitmenschen und

Ihr Umfeld wahrzunehmen. Sehen Sie es mit anderen Augen. Am einfachsten ist das, sobald man sich in einer größeren Menschenmenge ruhig hinsetzt und versucht, die Situation aus anderer Sicht zu betrachten. Welche Gefühle werden Ihnen entgegengebracht und welche Wahrnehmungen kommen bei Ihnen an. Das können Sie nicht nur im privaten Umfeld machen, sondern auch im beruflichen Umfeld. Gerade bei stressigen Situationen sollten Sie eine Selbstreflexion durchführen. Versuchen Sie festzustellen, welche Gefühle Ihnen entgegengebracht werden und welche Sie auf andere ausstrahlen. Sie werden schnell erkennen welche Gefühlsreaktionen bei Ihnen Stress auslösen und wie Sie diese Reaktionen weitergeben. Eine Person, die unter Burnout leidet, wird in dieser Situation die Nerven nicht bewahren können. Entweder lädt er sich noch mehr Arbeit auf, oder er bricht unter der Last zusammen. Mit der Selbstreflexion des Umfeldes können Sie feststellen wo die Anzeichen liegen und vor allem, wo die Auslöser sind.

Burnout Anzeichen in das eigene Leben implizieren

Die Burnout Anzeichen haben wir Ihnen bereits in dem oberen Abschnitt erklärt. Sie sollten diese Anzeichen unbedingt verinnerlichen. Denn Sie sind der Faktor, der ihnen es ermöglicht, Burnout zu erkennen. Ob Sie selber an Burnout erkrankt sind, können Sie erkennen, sobald Sie die Anzeichen in das eigene Leben implizieren. Dazu raten wir Ihnen einen Zettel und einen Stift in die Hand zu nehmen. Schreiben Sie sich die Anzeichen der Burnouterkrankung auf. Dazu können Sie noch einmal in den oberen Abschnitt gehen und dort die Anzeichen erkennen.

Haben Sie alle Anzeichen aufgeschrieben, gehen Sie nun Schritt für Schritt diese durch und fragen sich, ob Sie diese Anzeichen aufweisen. Dafür brauchen Sie keine zweite Person, den Sie selber können erkennen ob Sie Burnout bereits in ihrem Leben aufgenommen haben. Um Ihnen diese Aufgabe zu erleichtern, möchten wir Ihnen einige Fragen stellen, damit Sie die Anzeichen in Ihrem eigenen Leben erkennen.

1. Fühlen Sie sich in letzter Zeit lustlos?
2. Haben Sie Lust, sich mit anderen Personen oder mit Ihren Hobbys zu beschäftigen?
3. Sind Sie des Öfteren gereizt?
4. Verspüren Sie in den letzten Wochen permanente Müdigkeit?
5. Haben Sie ein mangelndes Interesse an Ihrem Beruf entwickelt?
6. Implizieren sich in Ihrem Leben Gefühle des Versagens?
7. Unterliegen sie regelmäßigen Stimmungsschwankungen?
8. Haben sich bereits körperliche Symptome wie beispielsweise: Kopf und Rückenschmerzen, Magen-Darm-Beschwerden und Schwindel?

Beantworten Sie diese Fragen ehrlich und vor allem impulsiv. Denn dann können Sie direkt erkennen, welche Gefühle sich in Ihrem Inneren widerspiegeln. Sollten Sie Burnout bei einer anderen Person mit diesen Anzeichen feststellen, dann wäre es wichtig dieser Person Ihr Vertrauen zu schenken.

Burnout bei anderen verstellen-Wie werde ich Vertrauensperson?

Burnout lässt sich nicht nur im eigenen Leben feststellen, sondern auch bei anderen. Sie sollten aber sehr vorsichtig mit Ihrem Umfeld umgehen. Haben Sie in Ihrem Umfeld eine Person, die eventuell an dem Burnout-Syndrom erkannt ist, dann gehen Sie behutsam vor. Versuchen Sie anhand unserer bereits definierten Anzeichen und To-do-Listen zu erkennen, ob diese Person Burnout hat. Beschäftigen Sie sich mit der außenstehenden Person und fragen Sie sie regelmäßig, welche Gefühlslagen sie beschäftigen. Sie werden ganz schnell spüren, ob eine Person Gedächtnis- und Konzentrationsstörungen aufweist. Der Betroffene vergisst Termine oder ist auf Arbeit nicht mehr leistungsbereit. Auch eine permanente Müdigkeit oder Kraftlosigkeit lässt sich an einer Person erkennen. Bei Arbeitskollegen oder auch beim eigenen Partner lassen sich mangelndes Interesse oder auch Gefühle des Versagens feststellen. Wenn Sie diese Anzeichen erkennen, dann sollten Sie versuchen das Vertrauen der Person zu gewinnen und somit zur Vertrauensperson zu werden.

Tipps und Tricks wie Sie mit Burnout Patienten in ihrem Umfeld umgehen können

Wir möchten Ihnen an dieser Stelle einige Tipps und Tricks geben, wenn Sie das Gefühl haben Anzeichen des Burnout-Syndrom bei anderen zu erkennen. Hier ist Behutsamkeit besonders wichtig. Um Vertrauensperson zu werden ist es wichtig das Vertrauen des gegenüber zu gewinnen. Viele Burnout Patienten neigen dazu, diese Erkrankung von sich wegzuschieben und zu leugnen. Bis die Erkenntnis eintritt, sollten Sie versuchen behutsam mit dieser Person umzugehen.

Aus diesem Grund möchten wir Ihnen einige hilfreiche Tipps und Tricks vermitteln, wie Sie mit solchen Personen umgehen können.

- Vermeiden Sie zu viele Ratschläge. Das kann den Betroffenen belasten und unterdrücken.
- Führen Sie sich immer wieder vor Augen, dass Ihr Angehöriger oder auch eine Person in Ihrem Umfeld erkrankt ist. Burnout Patienten fühlen sich nicht mehr dazu in der Lage ihren Pflichten nachzukommen, oder die Zeit für sich selber aufzubringen. Es wäre also wichtig, diesen Patienten nicht unter Druck zu setzen.
- Versuchen Sie den Angehörigen oder dem guten Freund zu einer professionellen Hilfe anzuregen. Auch Sie selber können bereits als Vertrauensperson zu einem Psychotherapeuten gehen und ihm diesen Fall vorstellen.
- Es wäre fatal die Lustlosigkeit des eigenen Partners oder des Umfeldes persönlich zu nehmen.
- Respektieren Sie die Eigenständigkeit jeder Person.
- Vorwürfe sind bei Burnout Patienten tabu. Versuchen Sie, wenn Sie mit einer Person die an Burnout erkrankt ist sprechen, Ihre eigenen Ängste und Bedürfnisse nicht in Frustration enden zu lassen.

Hinweis: Sollte Ihr eigener Partner an Burnout erkrankt sein, kann es hilfreich sein eine Partnerschaftsberatung oder

Eheberatung in Anspruch zu nehmen. Denn natürlich ist es für Sie sehr belastend, wenn der eigene Partner an Burnout erkrankt ist. Die eigenen Bedürfnisse zurückzustecken und diese nicht in Vorwürfe enden zu lassen, kann sehr belastend sein. Auch Sie als Angehöriger können in diesem Fall Hilfe in Anspruch nehmen.

Burnout erkennen in der Praxis

Von der Theorie, wie man Burnout erkennt, haben wir bereits mehrfach gesprochen. Wir haben Ihnen Tipps und Tricks für die Anzeichen vermittelt und darauf geachtet, dass Sie beginnen Ihr Umfeld und Ihr Leben selbst zu reflektieren. Selbst wenn Sie selber nicht an Burnout erkrankt sind, sondern eine andere Person diese Anzeichen vermittelt, können Sie helfen. Wir möchten Ihnen an dieser Stelle jedoch nun einige Praxis-Tipps geben, wie Sie Burnout erkennen können. Um Ihnen auch praxisnah helfen zu können, haben wir einige Erfahrungsberichte zusammengetragen, die von Burnout Patienten berichten. Sie spiegeln wieder, wie sie selber Burnout erlebt haben und zeigen Ihnen auf, wie Sie es selber erkennen können.

Existenzängste führen häufig zu einem Burnout. Darüber berichtete auch ein selbstständiger Ingenieur. Roland, selbstständiger Ingenieur, der an Burnout erkrankte. Er berichtete darüber wie er seine eigenen Erlebnisse wahrnahm. Zu seinem Burnout führten unterschiedliche Ereignisse. Er führte vor seinem Zusammenbruch ein normales Familienleben. Mit einer Partnerin und zwei Kindern sorgte er mit seiner Selbstständigkeit für ein normales Familienleben. Doch die Partnerin verließ ihn und er stand mit seiner hohen Erwartung an sich selbst und seinen beiden Kindern alleine da. Sein Lebensentwurf war gescheitert. Zusätzlich kamen berufliche Perspektiven dazu, die dazu führten, dass er Existenzängste bekam. Er begann sich schlussendlich praktisch über alles aufzuregen. Eine Wesensveränderung einer Person ist das praktische Beispiel für eine Burnout Erkrankung. Wenn auch Sie beginnen sich über alles aufzuregen und einfach nicht mehr das Positive sehen können, dann ziehen Sie jetzt die Reißleine. Denn dann wird Ihnen Ihr Arzt eine Burnouterkrankung bestätigen. So war es auch bei Roland, der von seinem Arzt eine Krankschreibung erhielt. In diesem Moment erreichte Roland einen Punkt in seinem Leben indem er seine komplette Perspektive verloren hatte. Die Müdigkeit nahm ihn ein und brachte ihn so weit, dass er selbst kleinste Aufgaben im Leben nicht mehr bewältigen konnte.

Nicht nur Wesensveränderungen und enorme Müdigkeit lassen erkennen, dass eine Person an Burnout erkrankt ist, sondern auch andere Anzeichen lassen sich praxisnah finden.

Darüber berichtete auch Krankenschwester Ramona. Sie reflektiert heute ihr Leben ganz anders. Jeden Morgen lächelt sie ihr Spiegelbild an. Auch wenn diese Aufgabe ihr bis heute noch schwerfällt, hat sie es aus dem Burnout heraus geschafft. Doch auch bei ihr konnte man frühzeitig Burnout Symptome erkennen. Wer als Kind, so wie Ramona, schon sehr viel Verantwortung übernehmen musste, ist sehr schnell Burnout gefährdet. Ramona belastete sich bereits als Jugendliche mit sehr viel Stress. Mit ehrenamtlicher Arbeit sorgte sie zwar für eine gute Ausbildung jedoch auch für ein hohes Stresslevel. Im Berufsleben kam dann die Schichtarbeit hinzu, die wiederum eine hohe Belastung ausübte. Sie opferte sich nicht nur in ihrem Beruf vollständig auf, sondern auch in ihrer Beziehung. Der Drang des Perfektionismus in allen Bereichen sorgt dafür, dass Ramona irgendwann ausgebrannt war. Sie zog sich immer mehr zurück. Bekam Rückenbeschwerden und Magenschmerzen. Selbst Selbstmordgedanken hegte sie. Erst ab diesem Moment begann Ramona festzustellen, dass mit ihr etwas nicht stimmte und die suchte einen Arzt auf.

Wenn auch Sie bemerken, dass ihr Stresslevel und ihr Perfektionismus im Leben Sie einnimmt, dann suchen Sie sich ganz dringend Hilfe. In der Praxis können Sie Burnout sehr schnell erkennen. Wenn eine Person nicht nur eine Wesensveränderung durchlebt, sondern gereizt ist und sich immer mehr zurückzieht, sollten Sie handeln. So wie bei Ramona können Sie ebenfalls Personen helfen oder sich sogar selbst helfen.

Vertrauen Sie sich einer Person an und vermitteln Sie dieser Person, dass Sie sich nicht gut fühlen. Es reicht, dem eigenen Partner gegenüber zu stehen das man ausgebrannt ist.

Fazit: Burnout kann jeden betreffen. Auch Sie können unter Umständen unter Burnout leiden. Aber auch Menschen in Ihrem unmittelbaren Umfeld können eine Burnouterkrankung besitzen. Es wäre wichtig sich umfassend mit dem Thema Burnout zu befassen. Wir haben Sie bereits über viele Aspekte aufgeklärt. Aber auch in der Praxis lässt sich Burnout erkennen. Sie sollten dafür jedoch Menschen sehr genau beobachten und vor allem Ihr eigenes Verhalten sehr genau prüfen. Wahrnehmungsveränderungen, Wesensveränderungen, Gereiztheit oder auch eine permanente Müdigkeit einer Person kann dazu führen, dass ein Verdacht auf Burnout bestätigt werden kann. Sollten

Sie diese Anzeichen in der Praxis, wie bei unseren Erfahrungsberichten, erkennen dann wäre es wichtig sofort zu handeln.

Wie kann ich mir und anderen aus dem Burnout heraushelfen

Das Burnout Syndrom ist eine Erkrankung, die mit vielen Anzeichen und vor allem mit vielen Symptomen zu erkennen ist. Nicht nur psychosomatische Symptome wie andauernde Schlafstörungen, Einschlafstörungen oder auch frühes Erwachen sind zu erkennen, sondern auch emotionale Symptome wie Hilflosigkeit oder starke Stimmungsschwankungen führen zu einer Burnoutdiagnose. Um sich selber und anderen aus dem Burnout heraus zu helfen, sollte man sich vor Augen führen, das Burnout real ist. Es ist keine versteckte Depression und auch keine Einbildung. Wer an Burnout leidet, ist krank.

Entscheidung treffen: ICH HABE BURNOUT

Der erste Weg zur Besserung ist die Erkenntnis. Das ist fast in allen Bereichen unseres Lebens Realität. Um Burnout an sich selber zu erkennen, muss man die eigene Entscheidung treffen, sich dieser Krankheit zu stellen. Ebenso wie Sie auch anderen helfen können aus dem Burnout zu entfliehen, können auch Sie sich helfen.

Diese Phasen durchläuft ein Burnout Erkrankter:

1. Überempfindlichkeit
2. Reduzierte Leistungsbereitschaft
3. Täglicher Abbau der Leistungsfähigkeit

4. Verzweiflung

Die letzte Phase ist meistens die erkennende Phase. Sie öffnet die Augen und sorgt dafür, dass man eine eigene Entscheidung trifft. Diese eigene Entscheidung sollte ganz klar wie folgt lauten:

ICH HABE BURNOUT

Wenn Sie sich diese Erkenntnis verinnerlichen, haben Sie bereits den ersten Schritt getan, um sich selber zu helfen. Die meisten Patienten wissen schon im Vorfeld, dass sie eine Erkrankung aufweisen. Doch viele Patienten versuchen, das Burnout von sich zu schieben. Denn Burnout bedeutet automatisch eine Kranksch-reibung, eine lange Genesungszeit und regelmäßige Arbeit an sich selbst. Das wiederum führt dazu, dass viele Patienten beginnen sich dieser Erkrankung zu entziehen. Vor allem Selbstständige und Personen in sozialen Berufen, haben Angst davor eine Krankschreibung zu erhalten.

Fakt ist: Wer krank ist, hat Angst seine Anstellung oder sein-en finanziellen Halt zu verlieren.

Von diesem Denkmuster sollten Sie sich verabschieden. Denn Ihre Gesundheit geht grundsätzlich vor. Wenn Sie nichts gegen Burnout tun, dann können Sie auch weiterhin keine Leistungsbereitschaft zeigen.

Die eigenen Burnout Anzeichen wiedererkennen und das Leben reflektieren

Um Burnout zu erkennen und sich selber und anderen heraus zu helfen, ist es wichtig die Burnout Anzeichen zu erkennen. Das

Störbild, welches sich beim Burnout zeigt, kann sehr vielfältig sein. Denn immer wieder lassen sich neue Anzeichen erkennen. Mit zu den wichtigsten Anzeichen einer Burnouterkrankung gehören Antriebslosigkeit, Müdigkeit und natürlich fehlende Leistungsbereitschaft. Aber auch Suizidgedanken können mit zu den Burnout Anzeichen gehören. Wir möchten Ihnen an dieser Stelle noch einmal einige Anzeichen aufzeigen, die Sie versuchen können in Ihr eigenes Leben zu implizieren. Fragen Sie sich immer „Zeige ich diese Anzeichen?“ „Oder erkenne ich diese Anzeichen bei anderen?“ Wenn Sie bei einigen der Anzeichen mit einem „Ja“ antworten können, dann sollten Sie unbedingt versuchen einen Arzt aufzusuchen. Sprechen Sie mit einer Vertrauensperson oder versuchen Sie die Vertrauensperson eines anderen zu sein.

Hinweis: Selbstverständlich können einige der Anzeichen in regelmäßigen Abständen auch bei gesunden Menschen auftreten. Reflektieren Sie selbst in welchem Rahmen dieser Anzeichen auftreten. Sind sie nur gelegentlich da oder sind sie mittlerweile in Ihrem Leben manifestiert.

Psychische Anzeichen:

- Fehlende Freude
- Interesselosigkeit
- Lustlosigkeit
- Reizbarkeit
- Niedergeschlagenheit
- Gefühle der inneren Leere
- Gefühle der Hilflosigkeit

- Frustration
- Zurückgezogenheit
- Ängste oder Panikattacken

Körperliche Anzeichen:

- Müdigkeit
- Schlafstörungen
- Übelkeit
- Bauchschmerzen
- Schwindel
- Kopfschmerzen
- Erektionsprobleme
- Libidoverlust
- Erhöhte Anfälligkeit für Infekte

Geistiger Anzeichen:

- Negatives Gedankenmuster
- Konzentrationsstörungen
- Vergesslichkeit

Wir haben Ihnen nun eine ganze Reihe an Anzeichen aufgeführt, die Sie mit Ihrem Leben reflektieren können. Überlegen Sie beim Lesen, ob Sie diese Anzeichen aufzeigen. Sollten Sie selber keine Antwort darauf finden, dann gehen Sie zu Ihrer Vertrauensperson und fragen Sie sie nach diesen Anzeichen. Können Sie einen großen Teil dieser Anzeichen an sich selber wiedererkennen, die über Wochen oder sogar Monate hinweg bereits bestehen, dann ist es nun ganz wichtig einen Arzt aufzusuchen. Sie benötigen einen Ansprechpartner oder eine Anlaufstelle.

Die eigenen Fehler und Auslöser erkennen

Um sich beim Burnout selber zu behandeln und zu versuchen sich aus dem Burnout herauszuziehen, ist es wichtig Fehler und Auslöser zu erkennen. Damit Sie die Fehler und damit auch die Ursachen und Auslöser erkennen können, müssen Sie Ihr Leben reflektieren. Überlegen Sie wie Ihr Leben in den letzten Jahren oder Monaten abgelaufen ist. Welche Ungereimtheiten erlassen sich finden? War in Ihrem Leben besonders viel Stress vorhanden? Oder haben Sie einen Schicksalsschlag erlebt, der Sie aus der Bahn geworfen hat? Diese Fragen sind für Sie besonders wichtig, um die Auslöser zu erkennen.

Burnout ist keine Erkrankung, die von jetzt auf gleich stattfindet, sondern sich mit Frühwarnzeichen ankündigt. Wenn man auf seine eigenen Bedürfnisse achtet und sich ausreichend Erholung ermöglicht, kann man rechtzeitig dem Burnout entgegensteuern.

Um die Ursachen das Burnout festzustellen möchten wir Ihnen wiederum einen kleinen Test mitgeben. Auch bei diesem können Sie mit ganz einfachen Ja- und Nein Fragen zu Hause den Test durchlaufen. Selbstverständlich sollten Sie ehrlich zu sich selber sein und diese Fragen impulsiv beantworten.

1. Haben Sie einen aufopferungsvollen Beruf?
2. Haben Sie einen Beruf, der sehr viel Verantwortung mit sich bringt?
3. Sind sie Perfektionist?
4. Befinden Sie sich in einer Partnerschaft, in der Sie unglücklich sind?

5. Haben Sie Schwierigkeiten abzulehnen? Können die Sie nicht Nein sagen?
6. Stieg in den letzten Wochen, Monaten oder Jahren Ihre Belastung im Arbeitsumfeld an?
7. Fehlt Ihnen die Anerkennung in Ihrem Beruf oder in Ihrem Umfeld?
8. Fehlt Ihnen die Unterstützung in Ihrem Privatleben?
9. Befinden sich in Ihrem Leben ungelöste Konflikte?

Beantworten Sie diese Fragen mit ja oder nein, um festzustellen, welche Auslöser zu einem Burnout geführt haben. Alle Fragen, die Sie mit ja beantwortet haben, sind potenzielle Auslöser, die als Fehler zu interpretieren sind. Diese Fehler sollten Sie ausbügeln.

Mit zu den äußeren Ursachen, die zu einem Burnout führen können, gehören unter anderem Arbeitsbelastungen, fehlende Anerkennung, Mobbing oder Ungerechtigkeiten. Fühlen Sie sich diesen Aspekten hilflos ausgesetzt, ist es oftmals ratsam sich den Fehlern zu entziehen. Stressabbau und Entspannung, ebenso wie das Gespräch mit Personen, die diese Aspekte auslösen, können helfen. Innere Ursachen, die zu einem Burnout-Syndrom führen können, sind ein hoher Idealismus, Perfektion, überzogene Erwartungen, Probleme Nein zu sagen oder auch die hohe Leistungsbereitschaft. Bei diesen Auslösern können sie nur an sich selbst arbeiten.

Wie finde ich einen Weg aus dem Burnout: ihr persönlicher Ratgeber

Haben Sie selber erkannt, dass Sie ein Burnout Patient sind, dann können Sie nun den Weg aus dem Burnout finden. Mit unseren persönlichen Ratgebern geben wir Ihnen dazu einige hilfreiche Informationen. Selbstverständlich nehmen wir Sie auch hier an die Hand und begleiten Sie durch Ihren Alltag. Mit unserem Burnout Ratgeber haben Sie die Möglichkeit schnell und gezielt einen Weg aus der „Ausgebranntheit" zu finden. Als Burnout-Syndrom Patient erkennt man die Krankheit normalerweise nicht. Deswegen ist es wichtig einen Ansprechpartner zu finden. Den richtigen Ansprechpartner finden bedeutet auch Anlaufstellen zu kennen, sich an Freunde zu wenden oder direkt einen Arzt aufzusuchen. Der erste Weg wäre der Hausarzt. Bei körperlichen Beschwerden jeder Art können Sie direkt Ihren Arzt auf diese körperlichen Beschwerden ansprechen, der wiederum die Ursachen erforschen wird. Sollten Sie psychische Probleme bemerken, dann ist ein Psychologe direkt der passende Ansprechpartner.

Für diesen benötigen Sie jedoch einen Überweisungsschein von Ihrem Arzt. Der Arzt wird womöglich eine Krankschreibung aussprechen, die über den ICD Code zu erkennen ist. Bei einer Burnouterkrankung nennt sich dieser Z73. Lesen Sie diesen Code auf Ihrer Krankschreibung, können Sie davon ausgehen, dass es sich um eine Burnouterkrankung handelt.

Führt Sie der Weg zu einem Psychologen, wird auch dieser mit Ihnen ein Bild von Ihrer Lebenssituation erarbeiten. Das haben auch wir bereits in diesem Ratgeber getan. Der Psychologe wird ganz genau versuchen verschiedene Krankheitsmuster anhand einer Ausschlussdiagnose zu erkennen. Die Burnout Symptom-Diagnose lässt sich nur durch bestimmte Aspekte definieren. Um eine Burnout Syndrom-Diagnose zu bestätigen sind verschiedene Untersuchungen notwendig. Zu diesen Untersuchungen gehören Diagnosen zur Entzündung oder Infektionserkrankung ebenso wie Diagnosen zum Schlafmangel, Stoffwechselstörungen oder Hormonstörungen. Auch Autoimmunerkrankungen können verschiedene Symptome beinhalten, die auch auf Burnout zutreffen. Der Arzt wird also versuchen diese Diagnosen auszuschließen, um am Ende auf einen Burnout Diagnose zu kommen.

Die Theorie einer Burnout Behandlung

Um die Theorie einer Burnout Behandlung vollständig und umfassend beschreiben zu können, sollte der Krankheitsverlauf einer Burnout Erkrankungen definiert werden.

Der Krankheitsverlauf einer Burnout Erkrankung zeigt sich wie folgt:

1. Zu Beginn treten psychische und seelische Erschöpfungen auf. Chronische Müdigkeit ist ein eindeutiges Anzeichen für eine Überlastung im beruflichen oder privaten Sinne.
2. Es folgt eine hohe Leistungsbereitschaft, die eine Weile zur Stagnation führt. Die hohe Leistungsbereitschaft sorgt dafür, dass überdurchschnittlich hohe Ansprüche an den Patienten gestellt werden. Diese können auch von ihm selbst erzeugt werden. Es folgt ein aggressives

Verhalten gegenüber Mitmenschen, da diese Ansprüche nicht mehr erfüllt werden können.

3. Fehlzeiten und Krankschreibungen im Job werden immer häufiger. Patienten nehmen das als sehr negativ wahr.
4. Eine Distanzierung ist die nahe liegende Folge, die sich nicht nur auf den Job, sondern auch auf das soziale Umfeld bezieht.
5. Körperliche Beschwerden treten auf, wie beispielsweise ein unruhiger Schlaf oder Magen-Darm-Beschwerden.
6. Der Patient versucht körperliche Beschwerden durch Medikamente einzudämmen.
7. Es kann eine Flucht in Rauschmittel folgen.
8. Zum Schluss treten Depressionen und Aussichtslosigkeit an die Oberfläche.

Um diesen Krankheitsverlauf frühzeitig zu entkommen wären Therapien und natürlich Behandlungen wichtig. Hier lassen sich ganz unterschiedliche Behandlungsmethoden anführen. Die Behandlung eines Burnout Patienten beginnt immer bei ihm selbst. Sie sollten also versuchen sich der Situation klar zu werden und die bereits angesprochen Entscheidung zu treffen. Denn Sie haben Burnout.

Das Burnout-Syndrom führt zu einer enormen Belastung, die für den Betroffenen keinen Ausweg offen hält. Er befindet sich in einem Teufelskreis, welcher nur mit einer professionellen Hilfe überwunden werden kann. Je länger Patienten ohne eine Behandlung auskommen desto stärker sinkt das Selbstwertgefühl des Patienten. Der erste Gang zum Arzt sorgt dafür das Burnout, als reale Krankheit wahrgenommen wird. Anschließend nach der Diagnose erfolgt eine Psychotherapie, die sich bis heute stark gegen Burnout etabliert hat. In den meisten Fällen ist eine Psychotherapie äußerst sinnvoll, die auf unterschiedliche Weise stattfinden kann. Während einer solchen Therapie erfährt der Betroffene nicht nur, wie er sich selber aus dem Burnout helfen kann, sondern wie er nach der Therapie weiterhin in seinem Alltag bestehen kann. Dabei werden vor allem die äußeren Umstände ebenso wie Stress definiert. Er lernt mit den Krankheitssymptomen umzugehen.

Es gibt mehrere Therapieformen, die sich mit unterschiedlichen Therapiemaßnahmen um Burnout Patienten kümmert. Je nach Stadium der Krankheit sind individuelle Wünsche und Bedürfnisse des Patienten natürlich zu berücksichtigen. Einige der Therapieformen werden vollständig von den Krankenkassen übernommen. Andere müssen von den Betroffenen in Anteilen bezahlt werden. Burnout lässt sich mit einer ambulanten Psychotherapie behandeln. Aber auch stationäre Behandlungen in einer entsprechenden Einrichtung können dabei helfen Burnout zu beheben.

Ambulante Therapien für Burnouterkrankte

In Deutschland gibt es einige kassenzugelassene Therapieschulen die mit einer Verhaltenstherapie oder mit der tiefenpsychologischen Therapie dafür sorgen das Burnout Patienten wieder in das normale Leben zurückfinden. Geführt werden diese Therapien von ärztlichen oder psychologischen Psychotherapeuten.

Die **Verhaltenstherapie** bezieht sich direkt auf das Verhalten des Betroffenen. Gemeinsam mit dem Patienten sorgt der Psychotherapeut für die Aufgliederung des Verhaltensmusters innerhalb der Lebenssituation. Das heißt das Leben und das Verhaltensmuster des Patienten werden analysiert. Mit psychotherapeutischen Hilfsmaßnahmen werden Lösungsansätze aus festgefahrenen Situationen gesucht. Beim Burnout ist das meistens die Überarbeitung bzw. der Stressfaktor. Patienten lernen während der Verhaltenstherapie, den Alltag neu zu gliedern und Freizeit in ihren Alltag zu integrieren. Mehr Zeit für Familie und Freunde wird natürlich berücksichtigt. Im Laufe der Therapie üben Sie mit Ihrem Therapeuten diese Verhaltensweisen in Ihren Alltag zu integrieren.

Die **tiefenpsychologische Therapie** und die Psychoanalyse sind ein anderes Verfahren, um Burnout Patienten wieder auf den richtigen Weg zu bringen. Hierbei werden tieferliegende Gründe für das Verhalten des Patienten gesucht. Oftmals werden Sie in diesem Fall auf die Kindheit angesprochen oder auf Ihr Leben. Der Therapeut sucht mit verschiedenen Maßnahmen innerseelische Konflikte. Diese werden im Laufe der Therapie erkennbar und lassen sich auf das derzeitige Verhalten anwenden. Patienten lernen in dieser Therapie, diese Verhaltensweisen abzustellen. Mit diesen Verhaltensweisen kann das eigene Leben reflektiert werden. Sie werden erkennen, wo die Probleme liegen. Probleme in der Kindheit oder auch im heranwachsenden Alter sorgen häufig in der Gegenwart für Burnout-Syndrome. Eine etwas andere Art der therapeutischen Maßnahme sind systematische Therapien. Diese werden als Gestaltungstherapie in oder Gesprächstherapie eingeführt. Es ist ein wissenschaftlich anerkanntes Verfahren und kann von der Krankenkasse nur teilweise bezahlt werden.

Psychosomatische Kurkliniken und psychiatrische Kliniken

Sollte eine Verhaltenstherapie oder auch eine andere Therapiemaßnahme keine Erfolge vermitteln, wird mit Rücksprache eines Therapeuten dazu angeraten eine psychosomatische Kurklinik aufzusuchen. Der Patient wird eine begrenzte Zeit therapiert. In den meisten Fällen ist der Kuraufenthalt auf 3-6 Wochen bezogen. In dieser Zeit wird der Patient lernen sich selbst zu konzentrieren und alltägliche Pflichten wieder aufzunehmen. Auf diese Weise hat er die Chance sich nicht nur selber zu therapieren, sondern auch zu lernen Ruhephasen in den Alltag einzugliedern. In einer psychosomatischen Kurklinik erhält der Patient mit Einzelgesprächen oder Gruppentherapie den Lösungsansatz für seine Probleme. Anerkannte Kurkliniken haben nicht nur die Verhaltenstherapie im Sortiment, sondern auch Kunsttherapien oder Entspannungstherapien. In diesen lernt der Patient Sport- und Entspannungsverfahren wie Autogenes Training und andere Möglichkeiten. Die psychiatrische Klinik ist meistens der letzte Ausweg für einen Burnout Patienten. Manche Betroffene verharren solange in ihrer Burnout Situation, dass ein Nervenzusammenbruch nicht mehr aufzuhalten ist. In diesem Fall wird eine psychiatrische Klinik in Anspruch genommen. Natürlich ist die Psychiatrie für viele ein beängstigender Ort. Doch mittlerweile hat sich auch dieses Gesellschaftsbild entwickelt. Denn als Burnout Patient kommt man nicht in geschlossene Abteilungen, sondern erfährt eine stationäre Behandlung in einer angesehenen

Klinik. Dabei werden Patienten mit alltäglichen Pflichten wie einkaufen, kochen und anderen Aufgaben konfrontiert. Auch hier lernt der Patient den Tagesablauf selber zu gestalten und eine gewisse Routine zu erhalten. Selbstverständlich sind in einer psychiatrischen Klinik Einzel- und Gruppentherapien sowie Entspannungstherapie inbegriffen.

Medikamentöse Therapien

Bei dieser Therapie kann vorher festgestellt werden, in welcher Verfassung der Patient sich befindet. Denn medikamentös behandelte Burnout-Syndrome werden mit Psychopharmaka in Verbindung gebracht. In einem solchen Fall werden Antidepressiva verschrieben. Stimmungsaufhellende Medikamente sorgen dafür, dass der Patient aus seiner Depression ausbrechen kann. Bei dieser medikamentösen Therapie ist es wichtig, dass die Patienten unter Beobachtung bleiben. Denn in der Regel dürfen solche Medikamente nicht länger als 6 Monate eingenommen werden. Regelmäßige Arztbesuche und eventuell anschließende Therapien sind also wichtig.

Tipps und Tricks, um Burnout vorzubeugen

Wer ein Burnout-Syndrom erlebt, sollte dafür sorgen, das Burnout nicht wieder ein Teil seines Lebens werden kann. Dazu lassen sich auf persönliche und auch sozialer Ebene verschiedene Burnout-Präventionen vornehmen. Persönliche Tipps und Tricks, die Sie in ihren Alltag einbauen können, ebenso wie verschiedene Maßnahme die Sie im beruflichen Sinne umsetzen können, werden Ihnen nun vermittelt.

Wie kann ich diese Erkrankung in Zukunft verhindern: Tipps für den Alltag

Burnout wirkt sich auf Ihren Alltag aus. Das werden Sie bei einer Burnouterkrankung sehr schnell feststellen. Ihr Alltag kann nicht mehr wie gewohnt stattfinden. Um diese Problematik zu behandeln können Psychotherapien helfen. Wir haben im oberen Abschnitt angesprochen, welche Behandlungsmethoden es gibt. Die Kernaussage der meisten Behandlungsmethoden besteht darin, Sie wieder in den Alltag zu integrieren. Ihnen einen alltäglichen Tagesablauf zu gewährleisten. Um diesen auch später nutzen zu können sollten Sie einige Tipps und Tricks beherzigen wie Sie diese Erkrankung in Zukunft verhindern können.

Tipps für den Alltag, um Burnout vorzubeugen:

Lernen Sie Ihre Grundbedürfnisse kennen:

Burnout entsteht immer aus einer Überforderung und einer Frustration heraus. Deswegen ist es wichtig individuelle Grundbedürfnisse Ihrer eigenen Persönlichkeit zu erkennen. Nutzen Sie die Möglichkeit im Alltag und befriedigen Sie diese Grundbedürfnisse. Dazu gehört ein vielfältiger sozialer Kontakt ebenso wie alltägliche Aufgaben.

Entspannung nutzen:

Burnout entsteht durch Stress. Und Stress lässt sich am besten beheben durch Entspannung. Stress ist grundlegend ein Burnout-Antreiber, der uns im Alltag immer wieder begegnet. Steuern Sie also aktiv dagegen. Nutzen Sie im Alltag einen Tagesablauf der Entspannungstechniken vorsieht. Progressive Muskelentspannung oder Autogenes Training können Ihnen helfen.

Planen Sie Ihren Tag:

Planen Sie am Morgen schon Ihren Tag und versuchen Sie große Stressfaktoren zu erkennen. Diesen sollten Sie mit einiger Erholungszeit entgegentreten. Versuchen Sie mit Sport und gesunder Ernährung Ihren Tag so zu gestalten, dass Ihr Körper die Möglichkeit hat, Stresssituationen abzubauen.

Definieren Sie Ihre Lebensziele:

Lebensziele sind das, was uns Menschen antreibt. Jeder brauchen in seinem Leben ein Ziel. Sei es im beruflichen Sinne oder im privaten. Haben wir ein Lebensziel vor Augen können wir unsere ganze Energie dorthin investieren. Das kann dazu helfen Burnout direkt vorzubeugen. Achten Sie aber darauf das Burnout sich in diesem Fall nicht manifestiert. Denn Sie sollten nicht krankhaft einem Lebensziel hinterhereifern.

Berufliches Burnout Anzeichen schneller erkennen

Berufliches Burnout ist in 50 % der Fälle bei vielen Burnouterkrankungen zu finden. Vor allem soziale Berufe, die mit einem großen Stressfaktor umgehen müssen, haben ein hohes Burnoutrisiko. Aber auch Berufe, die im Management vorzufinden sind, können mit einem hohen beruflichen Burnoutrisiko definiert werden. Um Burnout vorzubeugen ist es wichtig die Anzeichen sehr schnell zu erkennen. Fühlen Sie sich auf Arbeit überfordert, oder haben Sie das Gefühl immer mehr Leistung erbringen zu müssen, dann handelt es sich hierbei bereits um die ersten Anzeichen. Steuern Sie diesen aktiv entgegen und versuchen Sie sich von Aufgaben freizumachen. Erklären Sie Ihrem Vorgesetzten oder auch Ihren Kollegen, dass Sie sich überfordert fühlen. Ermahnen Sie sich selbst, wenn Sie sich dabei erwischen immer wieder neue Ziele setzen zu wollen.

Ganz wichtig ist es, um den beruflichen Burnout vorzubeugen, Urlaub zu nehmen. Nutzen Sie Urlaubstage oder lassen Sie sich Krankescheiben, wenn Sie sich nicht gut fühlen. Dieses Recht haben Sie als Arbeitnehmer ebenso wie als Arbeitgeber.

Einen Tagesplan erstellen, um den Burnout vorzubeugen

Ein Tagesplan kann Ihnen dabei helfen Burnout vorzubeugen. In diesem Fall sollten Sie ganz streng einen Tagesplan nutzen. Das lernen Sie auch in Ihren behandelnden Therapien. Schlüssel Sie ganz genau, auf welche To-do-Listen Sie gerne abarbeiten möchten. Planen Sie dabei unbedingt Zeit für sich selber ein. Es wäre wichtig am Tag mehrere Stunden für sich selber zu haben. Diese können Sie mit Entspannungsübungen verbringen, mit einem Buch oder auch mit Sport. Nutzen Sie in dieser Zeit die Möglichkeit sich aus der Außenwelt zurückzuziehen. Vor allem wenn Ihr Tag stressig war, sollten Sie auf diese Zeiten nicht verzichten. Den Tagesplan erstellen können Sie jeden Tag neu. Schreiben Sie am Morgen, auf welche Aufgaben Sie erledigen müssen. Planen Sie dazu auch ganz konkrete Zeiten ein. Besonders wichtig ist es dabei sich selber Zeit zu nehmen. Ein Wellnesstag oder auch ein Shoppingtag können dabei helfen, um dem Stress zu entkommen. Finden Sie in Ihrem Alltag Ihr persönliches Stresslevel. Haben Sie dieses gefunden können Sie konkret dagegen vorgehen.

Tipps und Tricks wie Sie dem Burnout vorbeugen können

Burnout erzeugt Ängste. Denn wer an Burnout erkrankt muss damit rechnen über längere Zeit arbeitsunfähig zu sein. Das wiederum schürt Ängste, wenn es um die eigene Existenz geht. Diese Ängste müssen Sie bewältigen. Sprechen Sie in Therapiegruppen über Ihre Ängste und lassen Sie sich mit passenden Therapiemaßnahmen aus dieser Spirale heraushelfen. Ängste bekämpfen reicht nicht aus, um vorbeugende Maßnahmen gegenüber Burnout zu nutzen.

Tipps und Tricks wie Sie Burnout vorbeugen können:

Schreiben Sie ein Stresstagebuch:

Für viele klingt diese Stresstagebuch sehr eigenartig. Doch es kann dabei helfen aufzudecken, in welchen Situationen Stress entsteht. Schreiben Sie ganz bewusst auf, wann eine stressige Situation entstanden ist, wie sie sich gefühlt haben und wie ihre Selbstwahrnehmung war. Schreiben Sie außerdem in Ihr Stresstagebuch, wie sie auf diese Situation reagiert haben. Anschließend können Sie versuchen einen Weg aus dieser Situation zu finden.

Aufmerksamkeit sich selber gegenüber:

Burnout kommt schleichend. Kaum einer bemerkt diese Erkrankung frühzeitig. Deswegen sollten Sie sich regelmäßig Fragen, wie zufrieden sie in Ihrem Leben sind. Auch das können Sie natürlich niederschreiben. Versuchen Sie ganz gezielt herauszufinden, welche Faktoren Sie in ihrem Leben stören. Wenn Sie diese gefunden haben können Sie jederzeit beginnen diese Faktoren auszugrenzen.

Hobbys finden:

Burnouterkrankte ziehen sich meistens aus ihrer gesamten Lebenssituation zurück. Die Überforderung treibt sie zur Einsamkeit. Deswegen ist es wichtig dem Burnout vorzubeugen, indem sie sich ein Hobby suchen. Das könnte Sport sein, das könnte aber auch der Beitritt in einem Verein sein. Finden Sie etwas, was Ihnen wirklich Spaß macht. Denn sobald Sie ein Hobby gefunden haben, welches Ihnen Spaß macht, werden Sie von ganz alleine die Auszeit genießen.

Integrieren Sie das Wort NEIN in Ihren Sprachschatz:

Sie müssen lernen es nicht jedem recht machen zu können. Bringen Sie den Mut auf Aufgaben abzulehnen. Insbesondere wenn es sich um Tätigkeiten handelt die sehr viel Zeit in Anspruch nehmen und höchstwahrscheinlich auch Stress mit sich bringen. Schonen Sie Ihre Ressourcen und sagen Sie NEIN.

Ausreichend Schlaf:

Ausreichend Schlaf ist ganz besonders wichtig, um das Gehirn mit ausreichend Energie zu versorgen. Wer ausreichend Schlaf hat, kann sich auch ausreichend regenerieren. Experten raten dazu, mindestens 6 Stunden pro Nacht zu schlafen. Besser sind natürlich 7 oder 9 Stunden. Versuchen Sie eine Routine einzurichten.

Schlussworte

Die Depression ist ein Teil des Burnout. Beide Erkrankungen können aber auch getrennt voneinander auftreten. Wichtig ist, in allen Fällen sich selber Hilfe zu suchen. Bei Nichtbehandlung kann sie Depression und auch das Burnout zu schweren Folgen führen. Zögern Sie nicht, sondern handeln Sie. Mit guten Behandlungsmethoden lassen sich beide Erkrankungen heute in den Griff bekommen.

Wir hoffen wir konnten Ihnen weiterhelfen und wünschen Ihnen und Ihren Angehörigen alles Gute.

Haftungsausschluss

Dieses Buch enthält Meinungen und Ideen der Autorin und beabsichtigt, den Lesern informatives und hilfreiches Wissen mit einem Unterhaltungscharakter zu vermitteln. Die enthaltenen Anleitungen und Strategien passen möglicherweise nicht zu jedem Leser, und es gibt keine Garantie dafür, dass sie auch wirklich bei jedem funktionieren. Die Benutzung dieses Buchs und die Umsetzung der darin ausgearbeiteten Informationen / Rezepte erfolgt ausdrücklich in eigener Verantwortung und Risiko. Das Werk, inklusive aller Inhalte, gewährt keine Gewähr oder Garantie für Korrektheit, Vollständigkeit, Qualität oder Aktualität der zur Verfügung gestellten Informationen. Fehlinformationen und Druckfehler sind nicht vollständig auszuschließen.

Ebenso ist eine Haftung der Autoren bzw. des Verlags und seiner Beauftragten für Personen-, Sach- oder Vermögensschäden ausgeschlossen. Erkrankungen mit ernstem Hintergrund gehören in ärztliche Behandlung! Bei

bereits bestehenden Beschwerden kann das Buch daher keinen fachärztlichen Rat ersetzen.

Impressum

Andreas C. Böhm

c/o Bianca Kronsteiner

impressumservice.net

Robert-Preußler-Straße 13 / TOP 1

5020 Salzburg

AT – Österreich

Cover: Oliviaprodesign

Cover Photo:

dibookspace@gmail.com

40002658R00066

Printed in Poland
by Amazon Fulfillment
Poland Sp. z o.o., Wrocław